曲楠◎著

犯罪心理揭秘

犯罪心理分析实录

The mystery of criminal psychology

台海出版社

图书在版编目（CIP）数据

犯罪心理揭秘 / 曲楠著 . ﹣﹣北京：台海出版社，
2018.6（2023.12 重印）

ISBN 978-7-5168-1896-1

Ⅰ . ①犯… Ⅱ . ①曲… Ⅲ . ①犯罪心理学—研究
Ⅳ . ① D917.2

中国版本图书馆 CIP 数据核字（2018）第 084528 号

犯罪心理揭秘

著　　者：曲　楠

责任编辑：刘　峰　贾凤华
责任印制：蔡　旭

出版发行：台海出版社
地　　址：北京市东城区景山东街 20 号　　邮政编码：100009
电　　话：010 — 64041652（发行，邮购）
传　　真：010 — 84045799（总编室）
网　　址：www.taimeng.org.cn/thcbs/default.htm
E — mail：thcbs@126.com

印　　刷：三河市嘉科万达彩色印刷有限公司
开　　本：710 毫米 ×1000 毫米　1/16
字　　数：148 千字
印　　张：12.5
版　　次：2018 年 6 月第 1 版
印　　次：2023 年 12 月第 2 次印刷
书　　号：ISBN 978-7-5168-1896-1
定　　价：49.80 元

前　言

很多人都会对犯罪案件感兴趣，甚至有人为此深深地着迷，做着一个又一个精彩刺激的侦探梦。制作精良的探案类书籍和影视剧总能拥有一大批忠实的拥护者，其中的某些情节即使在很多年之后依旧为人们津津乐道，并愿意腾出大量的时间来回顾、分析与研究。

那么，什么是犯罪呢？犯罪是指人们触犯了法律，从而构成了罪行，即做出某些违反法律的、应当受到刑法处罚的行为。犯罪的后果就是必将受到法律的制裁。可见，犯罪本身其实是一种行为，违反刑法且有责就是犯罪行为。就犯罪行为的界定而言，大到凶残无比的谋杀，小到擦肩而过时绊了别人一跤，都可能被列入犯罪行为的范畴。

对于普通民众来说，犯罪行为既会让人觉得恐惧，也会莫名地令人激动。暴力犯罪则是最容易吸引人们注意力的一种犯罪。每当知道自己每天生活的狭小范围内发生了暴力犯罪时，大部分人会吓得天色一暗就不敢再独自出门；但当人多起来的时候，大家又会不自觉地聚集在案发现场附近围观、议论。就比如之前有一则新闻报道，某广场发生了一起仇杀案，在凶手逃逸之后，围观群众将整个案发现场围了个水泄不通，甚至一度给公安人员的侦破工作造成了不小的困扰和阻碍。

对于法律的维护者来说，比如正义的化身——警察，他们往往对犯罪行为少了一些恐惧，多了一些反感和厌恶。他们的职责就是减少和预防犯罪行为的发生，并且按照法律规定对落网的犯罪嫌疑人进行处罚。为了打击和减少犯罪行为，社会各界一直在持续不断地拿出比较完善或不太完善的解决方案，比如培训更精英的警察、安装呈网络分布的监控设备、发动广大人民群众进行监督，以及制定更严厉可行的制裁办法等，来预防和惩治犯罪。客观地说，这些办法都取得了一定的效果，当然，它们更多的还是作用于案发之后，帮助警员们更快地将罪犯抓捕归案，并且把犯罪行为驱赶到更为隐蔽的角落里去。

对于人类行为分析领域的专家们来说，他们更希望能够通过分析研究来深入理解犯罪行为的成因，从而在根源上降低犯罪行为出现的可能性。但专家们的研究只能给出一些极为抽象的概念，这会令非专业人士变得失去耐心，他们当然不会有兴趣去关注诸如"这依赖于情境，个体对情境的反应以及任何可能的变量"之类的句子。究其原因，在于人类行为本身的复杂性，综合多种确定及不确定的因素后就会得出更多复杂而多元的答案，而这些答案的指向性会变得非常模糊。心理学研究表明，多数人是难以容忍和认同这些指向性非常模糊的答案的，人们更喜欢单一、直接的解决方案，所以诸如《50招轻松改变生活》之类的书籍才会颇受人们的青睐。

可是，在犯罪行为方面我们却难以用同样的方式写出一些较为全面的、合理的犯罪预防措施手册。我们只能通过分析"什么样的行为会产生什么样的心理活动，而这些心理活动又会引发什么样的犯罪行为"的方式，来帮助人们了解并预防一部分犯罪行为的出现。

目　录

就犯罪而言，一般来说犯罪行为多是在常态心理状况之下实施发生的，而另一部分在变态心理驱使状态之下发生的犯罪行为，就被称为变态犯罪行为。基于人类心理状态的复杂性以及不同的环境和文化背景的影响，所谓变态心理和常态心理的区别也只能是相对的，在一定的原则之下，不同地区和不同学者都有着迥异的划分标准。

未成年人犯罪多发于 11 岁到 18 岁之间。在这一年龄阶段，他们从儿童期逐渐转向青少年时期，生理发育的速度达到了高峰期，比如说个子长得更快，身体也变得更加强壮，于是也就有了做出犯罪行为的基础。但与此同时，其心理发育的速度却很容易因为教育或社会环境的影响而滞后，甚至可以说，未成年人在这一阶段的生理和心理发育本来就是不同步的。

第三章　文明的冲突——文化信仰犯罪　　　　　／091

信仰犯罪可以分为两种情况：一种是假借信仰之名犯罪，也就是利用人们的信仰，比如说借积德行善的名义进行诈骗；另一种则是基于自己的信仰实施的犯罪行为。罪犯通常并不认为自己的行为是错误的，这是信仰犯罪中最重要的类型。

第四章　膨胀的欲望——侵犯财产犯罪

所谓物欲型犯罪，是指犯罪人为了满足其物质需求，使用非法手段侵犯他人财物或公共财物的犯罪行为。这是以犯罪动机来区分的一种犯罪类型，又被称为利欲型动机犯罪或者贪利型动机犯罪。犯罪客体则主要是财产关系，小到盗窃，大到贪污，包括抢劫、抢夺、诈骗、敲诈勒索、走私、受贿、制毒贩毒等在内的财产犯罪和经济犯罪都属于物欲型犯罪。

第五章　群魔乱舞——群体性犯罪

群体犯罪分为有组织的群体犯罪和一般性群体犯罪两种。其中，有组织的群体犯罪是指那些具有长期性、稳定性、严密性的犯罪组织；而一般性群体犯罪则是指那些临时纠集在一起的犯罪组织，多表现为组织结构的松散性与组织存在时间的短暂性。

第一章

扭曲的灵魂——变态心理犯罪

就犯罪而言，一般来说犯罪行为多是在常态心理状况之下实施发生的，而另一部分在变态心理驱使状态之下发生的犯罪行为，就被称为变态犯罪行为。基于人类心理状态的复杂性以及不同的环境和文化背景的影响，所谓变态心理和常态心理的区别也只能是相对的，在一定的原则之下，不同地区和不同学者都有着迥异的划分标准。

引子：心理变态与犯罪

　　人类的心理状态可以分为常态和非常态两种，其中的非常态心理就通常被称为变态心理。就犯罪而言，一般来说犯罪行为多是在常态心理状况之下实施发生的，而另一部分在变态心理驱使状态之下发生的犯罪行为，就被称为变态犯罪行为。基于人类心理状态的复杂性以及不同的环境和文化背景的影响，所谓变态心理和常态心理的区别也只能是相对的，在一定的原则之下，不同地区和不同学者都有着迥异的划分标准。一般来说，广义的变态心理包括精神病、心理障碍、人格障碍等诸多内容。就犯罪学来说，对变态心理进行的研究是一个非常重要的课题，因为在变态心理支配下产生的犯罪行为，在常态心理之下往往是很难理解的，所以对其加深了解就更有警示意义，更容易制定切实有效的应对措施，以及时预防犯罪行为的发生。

　　变态心理犯罪的成因有很多，并且大部分都是在多种因素的相互作用之下产生的，主要可以分为以下几个方面：

　　第一，遗传因素。现代生理学、心理学以及精神病学认为，某些变态心理和遗传有着不可否认的联系。

　　第二，生理因素。现代医学研究表明，人的神经活动对于心理活动有着直接性的影响。而一些非正常的生理因素，比如说残疾或者病变，也很容易促成心理上的变态，这种变态心理很容易促使个体产生犯罪行为。比如说某人身体上有残疾时，那么他在多种因素的综合刺激之下，就很有可能对正常人做出报复性的犯罪行为。

第三，心理因素。在一些消极情绪的影响之下，意志较为薄弱的人很容易产生变态心理。比如在一些挫折和逆境之下，在痛苦、沮丧、愤怒等负面情绪的长时间作用和影响之下，一个人很可能会对世界产生扭曲或不正常的认知。在这些不正常的认知的支配之下，人们就会做出某些不符合常态的行为，比如说针对某些特殊群体的犯罪行为。

一般来说，变态心理犯罪包括人格障碍犯罪、性变态犯罪以及精神异常犯罪等几种类型。

卡钦斯基：从天才到恐怖分子

1978 年 5 月 25 日，美国西北大学的工程学教授巴克利·克利斯收到一个奇怪的退件包裹，上面标注着该包裹寄往芝加哥大学，因地址填写有误而被邮局退回，而寄件人正是巴克利·克利斯本人。教授感到非常奇怪，因为他并没有寄过这样一个包裹，出于谨慎考虑，他请求一名校警帮他打开包裹。就在包裹被打开的一瞬间，现场发生了剧烈的爆炸，该名校警当场重伤。根据前因后果，警察很快判断出这是一起有预谋的谋杀案，并迅速把目标锁定在几个可能对巴克利·克利斯教授心怀怨恨的学生身上。但警方几经调查依旧一无所获，做了大量的工作却始终找不到有用的线索，只能暂时将该案列为悬案。

1979 年 5 月 9 日，一架从芝加哥飞往华盛顿特区的波音客机带着浓烟从空中紧急降落。飞机刚刚迫降成功，数名身穿防护服的 FBI 特工便冲进了飞机的行李舱。不多时，一枚藏在包裹里的炸弹被找到。因为炸弹密封不严，致使装炸药的钢管没能产生足够的压力，所以这次爆炸并没有造成严重的后果，只是浓烟滚滚，看起来比较吓人。为了彻查此事，FBI 询问了所有机组成员和大部分乘客，却没有找到任何有用的线索。唯一可以确定的就是，在飞机攀升到一万余米的高度时，行李舱里传来了一声沉闷的响声，随即便冒出了大量的浓烟。

这起飞机爆炸案引起了 FBI 的高度重视，凶手的目标究竟是整架飞机还是飞机上的某个人？这起案件到底是个案还是有组织的恐怖袭击？诸多猜测被摆上案头，甚至有人在怀疑这是不是一起恶作剧，但是这种可能很快就被排除了。虽然进行了大量的调查，但是案件侦破依然没有丝毫进展。此时，FBI 还没有把这两起爆炸案联系在一起。为了调查此案，FBI 组织精英成立了专案组，并宣布美国政府将提供 100 万美元的悬赏，鼓励大家提供任何关于凶手的线索。

1982 年 5 月初，邮包炸弹再次出现。在范德比尔特大学任教的菲舍尔教授收到了一个包裹，包裹寄到了他的办公室，因其正在外讲学，所以他委托私人秘书珍妮特拆开包裹。伴随着一声巨响，珍妮特倒在了血泊之中。这个包裹是从美国中西部的杨百翰大学寄往宾夕法尼亚州立大学的，上面标注的收件人正是菲舍尔教授。因为菲舍尔教授早在两年前就已经离开了州立大学，于是，一名菲舍尔教授以前的同事便把该包裹转送到了他现在的办公室。

这一次，FBI 终于把几起爆炸案联系在了一起。他们几乎调查了所有与案件有关的人员，甚至就连那位转送包裹的热心同事也被列入怀疑对象范围内，但依旧没有突破性的进展。话虽如此，FBI 探员们还是在这次的炸弹残片中发现了新的线索——在填装炸药的钢管上印着两个字母"FC"，即"Freedom Club"，意思是"自由俱乐部"。这是一个恐怖组织吗？ FBI 花费了大量的精力来调查这样一个似乎子虚乌有的组织，结果依然一无所获。

事情并没有就此结束，邮包炸弹一直断断续续地出现。据 FBI 的档案记录，一共出现了 8 枚炸弹，共造成 3 人死亡、5 人重伤。特工们追着 8 枚炸弹四处奔波，却始终没有丝毫收获，这让他们非常苦恼，因为威胁一直存在，他们却没有什么办法去阻止。这种令人尴尬的状况持续了十多年之后，转机终于出现了。

1995 年 5 月，或许是凶手觉得有必要更进一步表达自己的意愿，毕竟 FBI 十几年来都没有找到丝毫关于他的线索。于是，一篇题为《工业社会及其未来》的文章被寄到了《纽约时报》和《华盛顿邮报》等大型报社。文章洋洋洒洒数万字，通篇都在阐述一个观点，那就是工业化导致了人类的灾难，并且呼吁所有人一起来抵制工业化的发展和科学技术的进步。这篇文章之所以会被 FBI 与持续十几年的爆炸案联系在一起，是因为和文章一起寄到报社的还有一封信，信中很明确地提出了一个要求或者说一个威胁：这篇文章必须在规定的时间内，逐字逐句、不加删改地刊登在报纸上，否则我就会继续之前的炸弹恐怖袭击。

这一威胁，让收到信件的报社慌了神儿，他们不知道到底该怎么办，因为这种文章刊登出去很容易引起社会骚动，但如果不刊登的话，神出鬼没的包裹炸弹也始终让人防不胜防。无奈之下，报社只好把皮球踢给了 FBI。联邦调查局倒是非常干脆，既然他想发，那就发吧，或许可以一步一步将这个困扰了大家十几年的"炸弹客"引出来。于是，这篇文章也就顺势被称作"炸弹客宣言"。

正所谓无巧不成书，文章被刊登之后，作者虽然没有自己跳出来，但是却被另一位关键人物看到了。一个名叫戴维的人交给 FBI 一份材料，他在材料当中透露出一个信息，这名炸弹客很可能是自己的弟弟卡钦斯基。

原来，戴维的妻子琳达在读到报纸上刊登的"炸弹客宣言"之后，便怀疑到了自己丈夫的弟弟身上，虽然并没有什么确切根据，但是她的直觉告诉自己这里面很可能有某种联系。虽然戴维一直不相信自己的弟弟会成为一名恐怖分子，认为他不过是性情古怪了一点儿而已，但是经不住妻子的一再催促，他只好找出弟弟以往写来的信件，开始比对起来。经过反复比对之后，戴维得出了一个令他害怕的结论，这些书信和报纸上刊登的文章之间有着很明显的相似之处，比如说一些语法和拼写习惯等。

为了证实或者否定自己的猜想，戴维雇用了一名私家侦探暗中调查自己的弟弟，同时把调查资料交给了华盛顿的一位律师，进行系统的整理和分析。律师和私家侦探的判断都佐证了琳达的猜测，戴维经过一番思想挣扎之后，把这份材料送到了 FBI 的办事处。

令 FBI 苦苦追寻了 18 年之久的神秘炸弹客终于浮出了水面。几个月之后，这名炸弹客在自己的一处林间小木屋里被逮捕归案。

这名制造了"炸弹恐慌"的罪犯名叫欧多尔·约翰·泰德·卡钦斯基，1942 年 5 月 22 日出生在芝加哥，是一个地地道道的天才。卡钦斯基是波兰移民的后代，从小便天资过人，在小学五年级的时候，就曾因为智商测试高达 167 分，被学校允许跳级。面对新班级里的"大哥哥""大姐姐"们，过人的智商并没有给卡钦斯基带来丝毫的优越感，反而是年龄和智商的差异导致了种种隔阂，卡钦斯基感觉自己无法和同学们正常交流。他开始变得沉默寡言，几乎没有什么朋友，并且总是独来独往。高中成绩依旧一路领先的卡钦斯基更是提前两年结束了自己的高中学业。

1958 年，16 岁的卡钦斯基被哈佛大学数学系录取。1962 年从哈佛大学毕业后，他又转入密歇根大学攻读数学博士学位。普通人需要花费数年时间才能完成的博士学业，在卡钦斯基这里仅需要几个月的时间，而且成就更高，他的毕业论文已经达到了世界一流数学家的水平。接下来的 4 年时间里，卡钦斯基一直在密歇根大学进行学术研究，在此期间，他的数学天赋得到了广泛的认可，但性格上的孤僻却越来越严重。4 年之后，时年 25 岁的卡钦斯基被加州大学伯克利分校聘为助理教授。这原本是一份荣耀而体面的工作，但卡钦斯基对这份工作并没有多大热情，仅仅工作了两年之后便辞职离开了，只因他觉得自己和这样的生活格格不入。

1971 年，卡钦斯基在蒙大拿州的一个偏僻山区里盖了一间小房子，开始离开父母独自生活。具有过人智商的卡钦斯基并没有做出什么伟大事业的理想，甚至不会利用自己的所学去谋生，而是像工业革命之前的人类一样，靠山吃山，过着贫穷而简单的生活。他的这种生活态度自然遭到了家人的反对，没有人愿意一个前途无量的天才就这样"埋没"了自己。

长久以来的孤僻和抑郁，在这种理想与现实的巨大反差之下爆发了，卡钦斯基把这一切归咎于社会的错误发展方向，在他看来，"工业化"就等同于"毁灭"。他认为工业化是社会发展的倒退，使得人类的存在失去了意义，除了金钱，人类似乎再也找不到更有价值的追求了。于是，卡钦斯基决定改变现状，誓要通过自己的行动来唤醒沉迷其中的人们。这或许就是天才"特有"的想法，在境遇不佳时，不是试着去适应社会，而是妄图改造社会。

因为其选择的生活方式，卡钦斯基的经济一直很拮据。为了能够发动改造社会的"炸弹运动"，他开始偶尔外出找一些工作来筹集资金，再加上家人时不时地接济，才使得他有了实行自己计划的资本。不过也幸亏由于资金的限制，十几年的时间里卡钦斯基只寄出了 8 枚炸弹，如果他有充足的资金，那么炸弹的数量恐怕要呈几何级数字增长了。

1978 年，卡钦斯基的"炸弹计划"正式开始付诸实施。他将一个故意写错地址的包裹邮寄到了芝加哥大学，既然写错了地址，邮局方面自然会将其原封不动地退回，于是这个包裹便顺利地到达了它真正的目的地——美国西北大学工程学教授巴克利·克利斯的办公室里。阴差阳错之下，炸弹只是炸伤了一位校警，但这也开启了卡钦斯基漫长的"炸弹运动"之路。

1996 年 4 月，联邦调查局以国内恐怖主义、谋杀、使用及制造炸弹等罪名对卡钦斯基提起诉讼。或许是认清了现实，又或许是其他原因，卡钦斯基拒绝了一切能为自己开脱罪名的方法，甚至直接解雇了法庭为其指定的律师，并且对所有的指控供认不讳。卡钦斯基的律师曾向其提出利用精神疾病来减轻惩罚的建议，他却毫不犹豫地拒绝了。1998 年，联邦法庭判处卡钦斯基终身监禁，并且不得假释。

【犯罪心理分析】

"精神病态"这一词汇所涵盖的范围极广，事实上只有其内涵的第一类"原发性精神病态"才是我们通常意义上所讲的"精神病"。

在精神病态中，还有一类被称作"逆社会行为型精神病态"，也就是我们通常所讲的人格障碍以及反社会性（也有专家认为反社会人格障碍和精神病态并不相同）。通常一提到人格障碍和反社会性，人们首先想到的便是那些疯狂杀人的变态杀人狂，其实那只是一个非常狭窄的定义。广义上讲，所谓的反社会行为，事实上就是和法律或者规则敌对的行为，对于有反社会行为的人来说，只要是法律所规定的，只要是社会约定俗成的，他们都会持敌对态度，而在这类人当中，有很大一部分相较于普通人而言学识更为丰富、头脑更加聪敏。

反社会思想和行为并不会先天产生，多数是从亚文化当中后天习得，比如说来自家庭或者一些反社会组织；也有一些是由于自身原因产生的，较为常见的一种犯罪诱因叫作"挫折引发的犯罪"。挫折是普遍存在的，几乎时刻伴随在每一个人左右，这和智商以及家庭背景等都无绝对关系，比如20世纪末国内存在很多备受瞩目的"少年班"天才，其中很多人都在昙花一现之后转而走向一条常人意料之外的道路，有的出家为僧，有的潦倒一生，有的甚至出现了精神错乱。事实上，对于智商超群的人来说，他们更容易受到挫折的打击。高智商并不代表高情商和更强的承受挫折的能力。

本案中的卡钦斯基就是这样，智商高达167的人在全世界范围内也是为数不多的。但正如前面所说，智商高不代表情商高，卡钦斯基的智商带给了他极大的优越感，却没能为他带来相应的健全人格和满足感。天才通常都是自负的，卡钦斯基智商上的优越感使得他在面对所有人时都会产生一种"不屑"的自傲，所以当他遭遇挫折的时候首先想到的并不是自我检讨，而是寻找客观理由，从而产生一种病态的症状，也就是"不是我的错，是世界的错"的偏激想法。空有过人的智商却无法赢得自己想要的一切，他把自己的失败归咎于社会发展方向的错误，开始觉得是社会发展的方向出现了偏差，从而促使他想方设法地要改变这一切。想要阻止工业文明的发展，自然就要从消灭那些卡钦斯基认为的"引领工业文明发展的先驱"——优秀的学者们开始。于是，炸弹袭击由此发生。

泰德·邦迪：女大学生杀手

众所周知，美国没有户籍制度，所以作为一个美国公民，只要没有违法记录，那么无论你想住在哪里都不会有职能部门过问。这在赋予公民极度自由的同时也会带来一些问题，比如说当你搬到一个新的社区时，你不会知道你的邻居都是些什么人，甚至连你所在辖区的警察局也不一定知道。因此，在美国，犯罪行为一旦发生，执法人员第一时间想到的就是查询犯罪记录，而如果没有记录在案的话，他们就只能"贴告示""登广告"，然后等待举报电话了。

1973 年 12 月 6 日，一对年轻的恋人在社区附近的公园里散步，并且刻意向一个很少有人经过的角落走去。热恋中的年轻人总是喜欢在比较隐蔽的空间里单独相处。然而，这对只顾着亲热的情侣却在往草丛走的路上不小心被绊倒了，这原本不是什么大事，但摔倒在地的姑娘却被眼前的景象吓得说不出话来——绊倒她的是一个人，确切地说是一具尸体。警察很快赶到现场，并通过走访确定了死者的身份，一名年仅 15 岁的少女，名叫凯西·迪瓦恩。死因是窒息，她是被勒死的。令人不解的是，凶手在勒死她之后还割开了她的喉咙。警方在现场没有找到任何有用的线索，唯一可以得出的结论是凶手应该是一名男性，因为死者有遭受性侵犯的痕迹。

警方迅速展开了调查，但是没有任何发现，更可恨的是，凶手似乎毫不忌惮警方的调查，一个月之后，也就是1974年1月初，一个名叫琼妮·楞次的女孩被人用极为相似的手段杀害，警方这次同样没有找到任何线索。连续有两名女性被害人出现，警方基本认定这是一起连环杀人案。紧接着在1974年1月31日，警方接到华盛顿大学的报案，一名叫琳达·安·希利的女大学生失踪了，当天她回到寝室之后就再也没有人见过她。

案发现场的状况令所有人感到不安，沾有大量鲜血的枕头、消失的床垫和枕套、染着血痕的睡衣领口等一系列迹象都表明，这里极有可能发生了一起凶杀案。但是因为没有找到尸体，也没有其他有价值的线索，所以警方只能暂时认定这名女生失踪。"或许某天她就回来了。"一名警员故作轻松地在调查报告中这样记录着。

然而事与愿违，不仅这个名叫琳达·安·希利的女生没有回来，其他更多的被害人不断出现，噩梦也在持续上演。警方将所有的案件综合在一起，发现基本可以断定是一人所为。所有被害人都具有某些共同点，比如说长发、白人、身材高挑、独居等，而且遇害的时间都是晚上。

与此同时，终于出现了一条关于凶手的线索：有目击者称，曾经在案发现场看到过一个身上打着绷带的略显怪异的年轻男子。不过目击者之间开始出现分歧，有人说那名男子是腿上绑着绷带，也有人说是在手上，还有人说对方称自己的车子抛锚了，希望得到帮助。

此后，找到这个神秘的年轻男子就成了警方破案的关键，但由于众说纷纭，警方一时间还是难以拼凑出一个确切的形象。

同年8月，又有两名女大学生失踪，随即就有清洁工人报警称在西雅图瑟马米什湖州立公园发现了一些极为恐怖的东西，看毛发像是人类头颅的碎片。警方经过化验确认这些骨骼碎片正属于刚被报案失踪的两名女学生——珍妮斯·奥特和丹尼斯·尼斯伦。调查显示，两名女生并不认识，在遇害之前也没有什么交集，所以警方判定凶手是在同一天当中两次作案。与此同时，前面目击者提到的年轻人再次出现在案发现场附近，不过这次警方知道了年轻人的名字——泰德。这是警方搜集到的关于嫌疑人的第一条确切信息。

就在警察四处寻找这个名叫泰德的人时，被害人再次出现。1974 年10 月，犹他州警察局局长路易斯·史密斯年仅 17 岁的女儿离奇失踪，9天后，警方找到了她的尸体，凶手杀人的手法与之前完全一样；仅仅 13天后，又出现了一个名叫劳拉·艾米的被害人，她的尸体被丢弃在山区的一条河边。

3 个州的警察们都无比愤怒，这个狂妄残暴的凶手不但连续作案，甚至挑衅似的将警察局局长的女儿列入了他的"死亡名单"。但这种愤怒对于侦破案件毫无益处，他们依然理不清线索，无法找到这个名叫"泰德"的杀人狂。

1974 年 12 月 8 日，一名被害人成功从泰德的手中逃脱，她为警方提供了详尽而有力的线索。在回忆案情时，18 岁的卡罗尔·德洛克仍惊魂未定。据她描述，当时泰德假扮成警察声称要带她回警局做笔录，实际上却准备再次作案。机智的卡罗尔·德洛克发现了泰德的异常，极力反抗并顺利逃出了车子。随后，她在街上碰到一对刚好路过的夫妇，便搭上他们的车成功逃脱泰德的魔爪，并立刻赶往警局。遗憾的是，当警察迅速赶到的时候，泰德早已不见踪影。

凶手在几个州之间流窜作案，警方却连对方的影子都抓不到，最有效的破案手段反而是等待知情者的电话举报。根据卡罗尔·德洛克的描述，警方做出了犯人"泰德"的模拟画像，并通过各种媒体广泛宣传。此后，大量声称认识"泰德"的人把电话打到了警局，同时真正认识泰德的梅格也打来了举报电话。遗憾的是，警方的嫌疑人名单实在太长了，梅格的举报信息就被暂时搁置了下来，这又给了凶手继续作案的时间。就在卡罗尔·德洛克逃脱魔掌的同一天晚上，一个名叫黛比·肯特的女孩失踪了。当天晚上，她陪着父母一起去看演出，因为要去接自己的兄弟而提前离开了，自此便不见踪影。郁闷的警方追着泰德的踪迹跑遍了美国北部的几个州，却从来只是听到关于这个奇怪年轻人的传说，就是无法将其抓捕归案。

1975 年 3 月 12 日，四处追捕泰德的警察在距离一家酒店几米之外的地方发现了一具赤裸的尸体，被害人名叫凯伦·坎贝尔，一个多月前，凯伦一家人准备前往科罗拉多旅游，途中就住在几千米外的那家酒店里。

就在追捕与逃脱的过程当中，更多的被害人尸体不断地被发现。一具又一具，不同的地点，相同的杀人手法，其中就包括一度被认为只是失踪的琳达·安·希利。于是，这个名叫"泰德"的年轻男人成了很多单身白人女性的噩梦。

这种状况一直持续到 1975 年 8 月 16 日。这一天，犹他州的公路巡警鲍勃·海沃德拦住了一辆形迹可疑的汽车，当他要求对该车辆进行检查时，司机突然掉头企图逃走。被截停后，鲍勃·海沃德和另外两名警察开始仔细搜查整辆车，并在车子里发现了大量可疑物品，包括绳子、手铐以及铁锹等。同年 12 月，曾经从泰德手中逃脱的卡罗尔·德洛克出庭指认，这就是那天试图绑架自己的凶手。法网恢恢，这个丧心病狂地杀害了几十名年轻女性的变态杀人狂终于落网。

那么，这个马不停蹄地奔波于几个州之间疯狂杀人的泰德到底是什么人呢？说出来或许很多人都不愿意相信，这个名叫泰德·邦迪的杀人狂魔，竟然是一个在旁人看来品学兼优、彬彬有礼的帅小伙。他有着在名牌大学求学的经历，并且以优异的成绩顺利毕业，然后进入政府部门工作，领着丰厚的薪水，生活看起来极为光鲜亮丽。这样的人怎么会是一个疯狂杀害年轻女性的魔鬼呢？对此，很多人都觉得不可思议，甚至还有不少年轻女性在泰德被捕后联名为其进行声援。

为了确定他们抓到的"泰德"正是那个疯狂杀害了几十名年轻女性的"疯子"，监狱方面对泰德进行了心理评估，并且得出了他"有精神病倾向""对女人有依赖症""和异性交往时伴有强烈的恐惧感"等一系列评估结果。随着进一步调查，泰德·邦迪的过往也被警方掌握，那或许就是导致他一系列疯狂行为的根源。

泰德·邦迪，1946 年 12 月 24 日出生于佛蒙特州，原名西奥多·罗伯特·考维尔。他的母亲名叫埃莉诺·路易斯·考维尔，费城人；他的亲生父亲名叫劳埃德·马歇尔，是一个转而从商的飞行员。事实上，父亲劳埃德从来都不知道自己还有一个名叫泰德的孩子，母亲埃莉诺是一个单亲妈妈。更离谱的是，泰德出生之后就被母亲带回了费城，并被交给其外祖父和外祖母照看。年幼的泰德一直以为，外祖父和外祖母才是自己的父母，而他真正的母亲一直充当着一个类似于姐姐的角色。

泰德 5 岁时，母亲和一名厨师结了婚，并带着他搬到华盛顿州居住。继父名叫约翰尼·卡尔佩柏·邦迪，此时的泰德也正式改名为西奥多·罗伯特·邦迪，在被公路巡警鲍勃·海沃德逮捕时，泰德用的就是这个名字。约翰尼一直试图做一个称职的好爸爸，虽然是继父，但是他对泰德并没有什么偏见。可惜被迫移居改姓的泰德并不甘心接受这一切，在他看来，是姐姐（母亲）将自己从父亲（外祖父）的身边带离，这令他开始对周围的一切都感到不安和恐惧。

尽管泰德一直是个品学兼优的好学生，在学校时期还坚持打工，但他的雇主们却对其持一种保留态度，他们认为泰德做事没有耐性，不可靠，换工作的频率过于频繁。这无疑是一个糟糕的习惯。而且泰德的没耐性不仅体现在工作上，也体现在感情方面。

每个少年的心中都会有一个梦中情人，泰德也不例外，这个姑娘的名字叫作斯蒂芬妮·布鲁克斯。相比于大多数少年只能远远地望着自己的梦中情人，将自己置身于"暗恋—失恋"的恶性循环当中，泰德却要比他们幸运得多，他得到了斯蒂芬妮的青睐。两人有着共同的爱好——滑冰，在滑冰场相遇之后便相谈甚欢，然后感情进一步发酵，继而成了恋人。

从小就没有真正享受过家庭温暖的泰德在这段感情中显得有些难以自拔，但斯蒂芬妮的感受却恰恰相反。她渐渐有些受不了泰德的性格，认为他做事太没有耐性了，让人觉得很不可靠。于是两人的关系开始渐渐地疏远，泰德想尽一切办法试图挽回，但换来的只是斯蒂芬妮更多的失望，他们最终还是分手了。

这段维持了不到一年的失败恋情对泰德的打击非常大，甚至一度让他对所有的事情都丧失了兴趣。紧接着，一个更加令他震惊的事情出现了，他终于知道了自己的姐姐才是自己的母亲，而自己所认为的父母实际上却是自己的祖父母。很难想象当时泰德是一种什么样的心情，或许觉得整个世界都混乱了吧。

遭受了接二连三的打击之后，泰德的性格发生了剧烈的变化。他开始变得外向和果断，并开始认真努力地做每一件事情（或许杀人这件事情他也在认真努力地做，只是让人不知道该如何评价）。他重新回到学校，在华盛顿大学心理学系继续深造，并交了一个新的女朋友梅格。这个梅格就是在警方通缉泰德时打举报电话的那个女孩，可惜她的举报信息被积压了很久。梅格一直希望能和泰德结婚，但泰德并不这么想，他曾对一个关系比较亲近的朋友提到过，自己唯一爱过的人只有斯蒂芬妮。从华盛顿大学毕业之后，泰德开始积极地参与各种政治活动，甚至还因为救助落水儿童而受到嘉奖。

1973 年，泰德和斯蒂芬妮再次相遇了，变得成熟而自信的泰德很快又征服了斯蒂芬妮，他们似乎重新找回了大学恋爱时的感觉，甚至更加亲密。就在两人激情如火，甚至已经开始考虑结婚的时候，泰德突然断绝了和斯蒂芬妮的一切联系，就如同几年前斯蒂芬妮所做的一样。似乎之前的破镜重圆只是为了报复对方。事实上，在两人第二次断绝关系前不久，泰德就已经开始了疯狂的杀人行为，第一个遇害者正是前文提到的凯西·迪瓦恩。

根据已掌握的证据，警方判断泰德就是这起连环杀人案的真凶，但没有任何直接证据可以证明这一点，按照当时的法律根本没有办法给他定罪。唯一可以指证泰德的只有从他手中逃脱的卡罗尔·德洛克，但是这也仅仅能够判处他 15 年的监禁，并且可以假释。不愿意再次将这个疯狂的杀人犯放走的警方开始试图寻找更多的证据来给泰德定罪，因此泰德被暂时羁押在县监狱中等候判决。

可是，泰德并没有安心地等待判决，他很快就越狱了。1977 年 6 月，他成功逃离监狱并躲过了最初的搜捕，不过很快就被抓回监狱。或许是吸取了上一次的教训，同年 12 月 30 日，泰德再次越狱，并直到 31 日下午才被看守发现，在广泛展开搜捕之前，他已经逃到了佛罗里达州。

沮丧的警方失去了泰德的行踪，如果他肯安静地找个地方隐姓埋名生活下来的话，就此躲过警方的追捕也不是没有可能。但在不久之后，佛罗里达州出现了同样的连环杀人案，大量的年轻女孩子在短时间内被杀害，这一现象迅速引起了 FBI 的注意，他们想到这个人很可能就是越狱的泰德·邦迪。一个名叫妮娜·尼瑞的女生在公寓里见到了泰德，以为他是一个小偷，就赶忙叫来了管理员，随后竟发现自己的两个室友被杀死在寝室内，并且遭受了性侵犯。

不久之后，泰德·邦迪再次被捕。他本以为自己依旧可以逃脱制裁，甚至在庭审的时候一度凭借花言巧语打动了陪审团，但妮娜·尼瑞的指证及其中一名被害人身上的牙印让他无所遁逃。最终，泰德承认了自己犯下的 28 起强奸谋杀案，但根据 FBI 的统计，他至少要为 100 起谋杀案负责。在对其宣判时，法官一共宣读了 3 项足以判处死刑的罪名。

1989 年 1 月 24 日，作恶多端的泰德·邦迪在佛罗里达被执行死刑。

【犯罪心理分析】

诱使人类做出犯罪行为的原因有多种，比较常见的一种就是来自生活中的挫折。不少理论研究者都会产生这样一个共识：当人类因自己的行为受到阻碍而无法得到预期的奖励时，他们的言行就会变得激烈而粗暴。在这一点上，人类和动物一样，不仅会变得极具攻击性，甚至会做出同样的反应，比如说疯狂抓挠或者撕咬等。泰德·邦迪在旁人看来相貌英俊，生活富足，似乎应该是那种备受上天恩宠的人，但不幸的童年生活注定了他的成长过程会充满阴影。一个多年以来始终将自己的亲生母亲误认为是姐姐的孩子，显然无法得到多少真正来自家庭的关怀。童年时代的泰德具有懦弱胆小的性格，也充分说明了他的心理是无比自卑的。

对于一个少年来说，最大的惊喜莫过于来自偶像的肯定和梦中情人的垂青。在泰德的心目中，斯蒂芬妮应该属于那种高高在上、可望而不可即的类型，但突然在某天发现原来自己一直憧憬的对象也喜欢着自己，那种感觉对于一个从小缺乏或者自己主观上拒绝了家庭温暖的人来说，无疑是弥足珍贵的，用心经营好一段感情对泰德来说有着非比寻常的意义。

泰德是个聪明人，从他做事从来没有耐性却依然可以在学业中取得优异的成绩就可以看出来。当一个聪明人变得自信起来后他就会觉得自己无比强大，就会产生无穷的创造力。但正当泰德春风得意的时候，他却发现事情并没有朝着自己预期的方向发展，斯蒂芬妮开始厌倦他了，自己用心经营的一切瞬间成了泡影。

受到重大挫折的人会在一段时间内丧失理智，变得不可理喻。心理学家认为，这一阶段中，人们在思考问题时通常会出现一个误区，那就是基本归因错误。出现这种错误的人通常会倾向于自我服务偏见（自利性偏差），也就是说将一切好的、成功的事情归因于自身的人格特质，将一切不好的、失败的事情归因于客观环境和外部压力。一旦出现了这种情况，个体最常见的表现就是认为自己遭受了不公平待遇，进而产生报复某个人或者某个群体的想法，会通过某些行为来掩饰或者抚慰自己潜藏的自卑感。

泰德大致就属于这一类型，一方面他应当是对年轻女孩这一群体充满仇恨的，在连环谋杀案的被害人当中，绝大多数女性的年龄都在 10 ~ 20 岁之间，最小的甚至只有 12 岁；另一方面，心理扭曲的泰德也正是通过这种屠杀风华正茂的年轻女性的疯狂行为，来安抚隐藏在自己内心深处的自卑。

加里·里奇韦："绿河杀手"

在变态心理犯罪当中，有一类被称为反社会人格障碍犯罪。所谓反社会人格障碍，其主要特征就是必须有持续侵犯他人的行为史，并且个体必须年满 18 岁，且在 15 岁之前就已经出现了某些行为障碍的特征。据统计，美国大约有 3% 的男性和 1% 的女性属于这一个类人群，而且反社会人格障碍者经常会出现在较低收入的社会群体当中。造成反社会人格障碍的原因也多基于此，长期缺乏足够的经济能力和行为榜样的单亲家庭中，此类人格形成的概率最高。一般说来，反社会人格障碍者通常会表现出对生命和权威的冷漠与蔑视，并且常常伴随着早熟现象和性侵犯行为。

虽然此类人群的总量远远低于其他犯罪类型，但是他们一旦犯案，无一不是特大案件，所造成的影响和后果也远超一般犯罪者。

"绿河杀手"被称作美国历史上头号连环杀人案，甚至后来还被拍成同名电影，引发了热议。该案件当中的被害人数量之多，在全世界刑事犯罪中也是极为罕见的。

该案件的凶手加里·里奇韦出生于 1949 年。他的家庭虽然算不上贫穷，但也是一团糟，家庭暴力时有发生。他的母亲是一个盛气凌人（据加里·里奇韦的亲戚描述）的女人，他的父母经常因为一些小事儿而争吵，甚至大打出手。显然，在这样的一个家庭当中，年幼的加里·里奇韦是完全感受不到任何家庭的温暖与呵护的，而且非常符合缺乏足够的行为榜样这一条诱因。在自己的整个童年时代中，加里·里奇韦唯一能从父母那里学到的大概就是暴力和伤害了。

然而，雪上加霜的事情发生了。在童年时代，加里·里奇韦的智商经测试只有 82，因此被定义为低智商人群。伴随低智商存在的是他在学校里糟糕的表现——人际关系不佳，而且学习成绩极差，整个高中阶段，他甚至不得不留了两次级才勉强得以毕业。从小受到的各种不良影响使得他的行为开始变得怪异起来，16 岁时的加里·里奇韦曾经不知是何缘故刺伤过一个 6 岁的小孩。根据被害人的回忆，加里·里奇韦在刺伤他之后就哈哈大笑着离开了，完全没有伤到人之后的惊慌失措，并且还念念有词地说"很想知道杀人是一种什么样的感觉"。这已经预示着某种倾向的存在了。

成年之后，加里·里奇韦的性格在平时倒并不显得孤僻，但他为人很低调，结婚后一直定居在西雅图的郊区。1969 年高中毕业后不久，他便进入金沃斯卡车公司担任夜班油漆工，这份工作他一直做到了被捕之前，这使得加里·里奇韦看起来很像是一个安分守己的人。被捕之后，警方曾走访过他的邻居们。据邻居们描述，加里·里奇韦是一个性格十分开朗并且很爱说话的人，而且他在说话的时候非常注重细节，从来不与任何人发生矛盾，除此之外并没有什么奇特之处。也有一小部分人认为他可能有社交障碍，但是总而言之，邻居们从来没有怀疑过，他竟然会是一个疯狂而残忍的连环杀人犯。成年之后的加里·里奇韦几乎从来没有在旁人面前表现过他的残暴。

虽然在童年的时候，加里·里奇韦一度被认为是低智商，但是在案发后，却很难令人把他和低能儿联系在一起。在 40 多位被害人当中，有将近 20 人的年龄还不满 18 岁，20 岁以下的人则占到了大多数。

加里·里奇韦在描述自己的作案过程之时，那轻描淡写的语气简直让人目瞪口呆。他并不会凶神恶煞地对付那些被害人，而是会先尽量让被害人感到放松。他在供述中提到，他会和被害人聊一些非常轻松的话题，并且让被害人感觉到"嗯，这是一个好人"。但是事实上，加里·里奇韦只不过是为了把她们弄到卡车里，然后残忍地杀掉而已。如果被害人事先知道加里·里奇韦的目的，一定会觉得他的微笑无异于恶魔的微笑。

加里·里奇韦取得被害人信任的手段其实很简单：开始和被害人交谈的时候，他会让她们看自己儿子的照片。显然大多数人都是会这么认为的——一个很有父爱的男人肯定不是一个坏人。加里·里奇韦在被捕之后供认，自己在杀掉被害人之前，都会先与她们发生性关系，在发生性关系之后，他就会趁着她们精神松懈的时候从背后用绳子勒死她们。

大部分被害人是在他的家里、卡车上或是更加隐秘一些的地方被杀害的。为了掩饰罪行，加里·里奇韦会把别人的烟头或者口香糖之类的东西扔在案发现场以迷惑警方，甚至曾经把几位被害人的遗物运到了俄勒冈州，这实在不像是一个低智商的人可以做到的事情。

加里·里奇韦的作案高峰期是在 1982 年到 1984 年之间。他专门谋杀那些搭便车的妓女，并且他会把大部分尸体抛弃在格林河流域的绿河中。他"绿河杀手"的称号便由此而来。

加里·里奇韦之所以被称作变态连环杀人犯，不仅是因为他杀人的数量多，还因为他在被捕之后供认了自己曾经有过奸尸行为。这类尸体最终都被他埋了，而不像其他尸体那样被随意地丢弃在河中。加里·里奇韦自认并不是完全随机地杀人，而是有着自己的原则："我想尽可能多地杀死我认为是妓女的女人，过去的一段日子里，我一直在这样做。我专门找妓女下手，因为我恨她们，而且我也不想花钱买乐。"同时，他之所以会选择妓女下手，还有一个更为重要的原因，他认为那会最大限度地降低自己被发现的风险，因为从事那种职业的女人失踪之后很少会有人去报警。

实际上，加里·里奇韦的作案对象不仅有妓女，还有很多是吸毒者、离家出走的年轻女孩，以及流落街头的其他年轻女子。别以为加里·里奇韦的行为是出于对某种职业群体的疯狂报复，他只是选择了那些他认为最为安全的被害人而已。事实也是如此，加里·里奇韦的罪行直到 2001 年被杀害者多达 50 人的时候才被发现。至于为什么会杀人，加里·里奇韦在被捕之后给出的理由不禁让人毛骨悚然，他在狱中曾经宣称："谋杀年轻女人是我的事业。"

2001 年，警方终于根据从被害人身上提取的 DNA 样本将目标锁定在加里·里奇韦身上。除此之外，大部分被害人都有一个共同特点，那就是身上总会有一些微小的油漆斑点，这也和加里·里奇韦的职业相符合。但是，尽管警方已经将嫌疑人目标锁定在加里·里奇韦身上，却难以找到直接证明他就是凶手的证据。因此，被捕之后的审判过程也相当艰难，毕竟距离大部分被害人的遇害时间已经过去了太久，想要有确凿的证据来给加里·里奇韦定罪，实在是一件很不容易的事情。

最后，警方以多宗杀人案件控告加里·里奇韦一级谋杀罪，但是加里·里奇韦拒不认罪，因为他清楚，一旦认罪自己就会被执行死刑。一方要让杀人恶魔认罪伏法，而一方的杀人恶魔却一直试图脱罪活命，就这样，一场旷日持久的审判拉开了序幕。警方20多年来搜集整理的证据和文件堆积如山；被害人家属虽然满心希望可以得到一个公正的宣判，但是长达十几年的等待也让他们的耐心所剩无几；还有一个更为重要的原因，这场拉锯战似的官司使控辩双方的花销都已经增至数百万美元，无论是控方还是被控方都对这笔逐日增加的巨额消费有些吃不消了。

为了尽快结案，也为了早日找到所有被害人的遗骸，曾经坚决不同意签订"认罪协议"的检察官诺姆·马伦也不得不放弃了自己的坚持。"认罪协议"当中，加里·里奇韦的罪行依旧是一级谋杀罪，但是量刑却由死刑改为了终身监禁，这显然让加里·里奇韦松了一口气。

2003年11月5日，备受瞩目的"绿河连环杀人案"在西雅图最后一次开庭，加里·里奇韦在法庭上承认了自己杀害49名妇女的犯罪事实。而法庭也根据"认罪协议"免除了他的死刑，改判为终身监禁。至此，轰动一时的美国头号连环杀人案终于告一段落。

【犯罪心理分析】

连环杀人狂大概是所有常见犯罪中最让人觉得恐惧和不能理解的一种类型了，在犯罪心理学当中，又被称为多重谋杀或者系列谋杀。大概没有多少正常人能够理解这些可以漫无目的肆意屠杀的人的心理特征，即便是对于个别数据的分析，也是臆测多于实际推理。在20世纪70年代的美国，连环杀人狂如同井喷般出现。根据美国司法部的调查，在20

世纪 70 年代至 80 年代之间，至少有 35 名连环杀手活跃于各个地区，而在此之前的很长一段时间之内，有记录在案的连环杀手只有两名。

连环杀手其实并不会表现得像典型的暴力罪犯那样，他们在童年的时候一般不会出现严重的暴力倾向，甚至有些人表现出的攻击力极弱，比一般人还要安静平和一些。即便是在成年之后，他们也很少会有犯罪记录，即便有也多是与暴力犯罪无关的盗窃等罪名。加里·里奇韦在案发之前一直是一个安分守己的油漆工，大概除了他自己之外没有任何人能够感受到他内心的波澜，就连他的妻子也不例外。

作为一个连环杀人狂，加里·里奇韦的案例简直再典型不过。很多经验丰富的犯罪学家、心理学家都得出过这样的结论：系列谋杀犯一般没有或者只有很少的前科，在开始犯案之前一般都已经结婚，有稳定的家庭生活，有稳定的工作，常年居住在同一幢房子里面，没有犯罪征兆，等等。加里·里奇韦本人具有一定的人格障碍，所以他的杀人理由让人觉得有些难以理解。他主要的作案目标是妓女或者类似的年轻女人，然而警方的调查结果显示，妓女或类似群体并没有给他造成过什么严重的心理伤害。

有些人会把连环杀人狂当偶像来盲目崇拜，事实上这是极为错误的，不论这些连环杀人狂的世界观有多么扭曲，欺软怕硬始终是他们难以遮掩的一个共性。根据 FBI 的案件数据记录，连环杀人狂选择作案目标的大体趋势是不断选择更弱势的群体，比如从 1988 年的主要集中在年轻女子身上，逐渐演变到 1998 年的主要选择 16 岁以下的未成年儿童下手。为此，FBI 的前局长路易斯·弗里赫不得不设立专门的部门来解决儿童绑架和谋杀案件。

　　还有一点，连环杀人狂选择目标的时候多半会挑选比较容易接近且不会引起太多人关注的角色，比如妓女就是其中最佳的选择之一。加里·里奇韦显然就是出于此种考虑才会向妓女下手，也正因此才会使得他的罪行在很长一段时间里一直没有被发现。

　　当然，也有一些连环杀人狂会选择令人出乎意料的目标作案，比如1974年被捕的一名连环杀手，他的作案对象就集中在独居的孤寡老人身上，甚至在很长的一段时间内，警方都不认为那是系列作案。但不论如何，连环杀人狂一般不会选择中产阶级以上的人群为目标，因为如果是多名有身份地位的人遭到杀害，一定会更加受到警方和社会的关注。

　　一项统计数据显示，20世纪70年代到90年代初期，记录在案的52起连环杀人案当中，有超过30起发生在美国西部地区，其中以加利福尼亚州最为严重，而东北部仅有4起。很显然，这些连环杀人狂更喜欢选择治安较差或者不受重视的地方来实施自己的犯罪行为。

乔伊·考特尼：性侵与杀戮

　　在没有户籍制度的美国境内，当你搬到一个陌生的城市之后，你很难清楚地知道自己的邻居都是些什么样的人，因为在社区和警察局里并没有针对本区域居民的相应记录。但只有一类人除外，那就是性犯罪者。起初，性犯罪者也是同样没有记录在案的，不过受轰动一时的"梅根案件"的影响，最终促成了"梅根法案"的诞生。

　　1994年7月29日，在新泽西州的汉密尔顿镇，7岁女孩梅根·康卡在自己家附近玩耍时，邻居杰西·提门德夸斯邀请她去他家里看小狗，然后她就再也没有出现过。几天后，警察在一个被丢弃在公园里的木制玩具中发现了小梅根的尸体。

　　经法医鉴定，小梅根是在遭受了性侵犯之后被残忍杀害的。经过一番调查后警方得出结论，杰西·提门德夸斯强奸并杀害了梅根。原来，这个杰西·提门德夸斯是一个刚刚刑满释放的性犯罪惯犯，曾经两度因猥亵儿童而入狱。但是因为美国不存在户籍制度，所以当地的执法机关很难掌握这些刑满释放者的去向。

　　"梅根案件"震惊了整个新泽西州，人们强烈要求修改法案来保障自己的安全。当年年底，新泽西州的州长签署了美国第一个"梅根法案"，强制要求居住在新泽西州境内的性犯罪者刑满释放后必须向州警局进行报备。1996 年 5 月 17 日，克林顿总统签署了联邦"梅根法案"，要求刑满释放的性犯罪者必须向所居住州的执法机关进行登记，同时，其一切信息都会在专门的网站上面公布。

如今，在美国的某些州甚至采取了更严厉的惩治措施，比如说严重的性犯罪者在出狱之后必须佩戴专用的定位手环，一旦其靠近学校等场所就会被立即发现并进行驱逐，如果手环被擅自摘下则会被通缉。

2004 年 5 月 24 日，在美国俄勒冈州的科瓦利斯，一个名叫布鲁克·威尔伯格的年轻女孩在自己姐姐和姐夫做管理员的公寓里面做清洁工。她是一名大二的学生，利用暑假的时间出来打工赚取零用钱。

这一天，布鲁克的工作是负责清理灯柱上的广告，而且约好了中午和姐姐一起吃饭。但是到了吃午饭的时间，布鲁克却迟迟没有在事先约好的地方露面，姐姐斯蒂芬妮打了几次电话，却一直没有人接。于是，斯蒂芬妮打电话给丈夫，让他去看看布鲁克在干什么，为什么一直不接电话。扎克随即给布鲁克打了几通电话，同样没人接听。于是他围着公寓细细地寻找了一圈，最后回到了他们的住处，但是都没有发现布鲁克的踪迹。看样子布鲁克也不像是临时有事出去了，因为扎克发现她的手机和钱包都放在桌子上，没有被带走。

为了确认布鲁克是否真的不在公寓附近，扎克再次跑向了停车场，在一个灯柱下面他发现了布鲁克工作时使用的水桶和清洁剂，还有一双人字拖，其中的一只看起来像是被撕坏了。听到扎克的描述后，斯蒂芬妮感觉到一丝不安。她觉得布鲁克很可能遇到了什么意外，于是迅速打电话到布鲁克可能去的地方一一进行询问，在反复寻找无果之后，他们选择了报警。

　　警方到达后的第一件事就是确认布鲁克是不是自己有事情离开了，但是放在家里的手机和钱包、没有放回工作间的水桶和清洁剂，尤其是那只已经被撕坏了的拖鞋，这一切都显示着布鲁克并不是自己离开的，她很可能是遭遇了什么不测。警方依然怀疑这可能是一场恶作剧，毕竟布鲁克只是一个读大二的孩子，捉弄一下自己的姐姐和姐夫还是很有可能的。但在布鲁克的家人看来，她非常体贴懂事，以前从来没有出现过类似的情况，尤其是在工作期间丢下东西离开更是不可能的。

　　一切证据都显示布鲁克很可能是遭遇了意外，于是，警方的搜寻行动迅速展开了。除了贴出告示并在电视台登出广告之外，剩下的便是开始搜寻目击证人，四处询问有谁见到过这样一个女孩：她穿着蓝色的连帽衫和牛仔裤，有着一头漂亮的金发，戴着一块安妮克莱因的手表，手上还戴着一枚刻着 CTR 三个字母的戒指。越来越多的志愿者聚集起来，搜寻的主力是附近自发组织起来的大学生，而警方则试图找到更多其他的线索。

　　时间渐渐地流逝，警方找到的线索仅有一条，那就是上午 10 点左右曾有人听见一声非常刺耳的尖叫从停车场方向传来，但当他们循声找过去的时候，却没有发现其他异常，停车场里一片安静，那声尖叫就好像一场恶作剧一样。始终找不到更多有用的线索，就像一群没头苍蝇一样四处胡乱寻找的警方，发现自己正在浪费最佳救援时间。

　　没有目击者，没有可疑车辆，没有可疑的人员出入，什么都没有，现场仅有一只被撕坏的拖鞋，整个案件显得毫无头绪。针对布鲁克失踪一案的各种线索从四面八方涌来，在很短的时间之内就使得警方专门搭建的网站超载，但这其中绝大多数信息都是无用的，甚至是虚假的。但这些都难不倒经验丰富的FBI，他们有着强大的情报系统，并且有着强大的信息甄别能力。

很快，两条线索浮出了水面。在布鲁克失踪的当天早上，据说有一辆绿色的货箱车曾经在俄勒冈州立大学里面徘徊。一个与货车司机有过接触的女生说，当时她走的那条路上基本没有行人，然后一辆绿色的货箱车挡住了她的去路，司机下车后希望她能帮忙给指一下路线。但当她发现车后面的一些座位被卸掉时，她觉得非常不安，于是没有答话，转身迅速离开了那里。不久之后，这辆货车出现在俄勒冈州立大学附近，车上的司机开始向第二个女生问路，这个女生注意到车牌是明尼苏达州的。货车司机希望女生能够上车为自己指一段路，并声称自己迷路了。但是女生瞬间起了疑惑，并迅速拨通了报警电话，货车司机只好无奈离开。

很快，这辆绿色货车进入了警方的视线，但随着调查的不断深入，警方却不得不暂时放弃这一线索，因为目击者越来越多，这辆可疑车辆的颜色也跟着变化了起来，众说纷纭，却没有一个人记得住车牌号。和货车司机有过接触的两名女子，也因为过度紧张而没有记住司机的长相及其他一些特征，这都使得警方对货车的调查陷入了困境。

在继续追踪货车的同时，FBI将主要精力放在搜寻这一区域的可疑人员上面，比如说有过某方面犯罪记录的人。根据当时的法律，一些有过前科的罪犯会被记录在案，并且有详细的行踪信息。最先被调查的就是居住在这一范围内的数量众多的性犯罪者，FBI有关于他们最详细的资料，甚至比他们自己知道的还要多。

布鲁克是一个年轻漂亮的女大学生，如果遭遇不测，警方第一时间就会联想到关于性的犯罪。很快，一名居住在附近的性犯罪者进入了警方的视线。3天后，警方向媒体发出声明，他们锁定了一位犯罪嫌疑人，这个人名叫金桑谷，现年30岁，曾经是俄勒冈州立大学遗传学专业的学生。因为他的档案信息十分可疑，所以警方有着足够的理由对他进行怀疑，认为其做出绑架女学生的事情也并不是不可能的。

金桑谷和父母一起居住，社交范围极为狭窄，尤其是在和女性的相处方面，似乎一直都很糟糕。就在布鲁克失踪的十几天之前，金桑谷曾经被捕，但随后又因为证据不足而被释放，他被捕的原因是有人指控他从俄勒冈州立大学的女生宿舍里偷走了很多内衣。

金桑谷再次被捕后，警方搜查了他的房间，发现了3400多条女士内裤以及数万张被拷打和强暴的女性照片，还有7支冲锋枪。最让人难以理解的是，警方还发现了一些装在密封袋里面贴着标签的棉絮，警方不知道这些棉絮是做什么用的，但其中的一些棉絮按标签描述正是来自橡树公园公寓，也就是布鲁克最后出现的地方。

更骇人的是，警方还在金桑谷的电脑中发现了一个文档，里面记录着一个女孩从被勒死到被分尸的详细计划。即便早已见过很多凶残的犯罪现场，但这份文档还是让FBI的调查员们直冒冷汗，他们很自然地联想到这份文档里面的计划很可能就是针对布鲁克制作的。

就在所有人都几乎认定金桑谷就是凶手的时候，他却拿出了自己的不在场证明：布鲁克失踪的那天早上，有证据显示金桑谷去了120多千米外的商店购买笔记本电脑。没有证据证明金桑谷就是凶手，他又拿出了有力的不在场证明，这使得警方不得不释放他，然后再去寻找新的线索。但新的线索一直没有出现，即便警方再次加大悬赏力度也无济于事，那辆绿色的货箱车也始终不见踪影，甚至大家都开始认为这将会变成一件悬案。搜寻队也停止了搜索，因为队伍里大部分都是自发组织的学生，他们不可能一直这样搜寻下去。

就在警方一筹莫展的时候，新的线索终于出现了，警方很快锁定了另一名性犯罪者。

2004年11月29日，在美国新墨西哥州的阿尔伯克基城，这里距离布鲁克失踪的地方足足有2250多千米，一个同样有着一头漂亮金发的俄国交换生正走在新墨西哥州立大学附近的一条马路上，突然，一个男人手持匕首劫持了她，并且命令她坐上了一辆红色的汽车。上车之后，这名歹徒让女孩脱掉所有的衣服，把她带到一个废弃的停车场后强奸了她。之后，对方又用围巾绑住了她的手，用内衣塞住她的嘴巴，继而载着她开车离开。女孩虽然心中充满了恐惧，却也无计可施。

万幸的是，不久之后车子停在了一处公寓前面，或许是认为女孩被绑着无法逃脱，这个男人独自一人离开车子进入了公寓。女孩趁着这个机会逃了出来，跑到马路上试图求助，但是因为赤身裸体，基本上所有的路人都因为怕惹麻烦上身而选择视而不见。终于，一个开车经过的女士注意到了这个不着片缕的女孩，并把她拉进自己的车里。

听女孩用生硬的英语叙述了事情的经过后，这位女士立即拨打了报警电话。惊心动魄的是，在她们拨打报警电话的时候，先前绑架女孩的那辆红色汽车就从她们旁边缓缓驶过。

不久之后，警察找到了那辆红色汽车，并且逮捕了车主，一个自称乔伊·考特尼的男子。男子是3个孩子的父亲，有明显的施虐倾向，在调查取证之后，警方以一级强奸罪和绑架罪将其起诉，并且请求法院从重处理。

考特尼有着很长时间的性侵历史，从自己的姐妹到邻居，再到朋友以及陌生人。除此之外，他还有很严重的家庭暴力倾向，曾因此被自己的儿子打911举报过。阿尔伯克基警局在梳理考特尼的过往犯罪经历时，一张酒驾拘捕令引起了警方的重视，该拘捕令显示，此人在布鲁克失踪的当天曾经出现在橡树公园公寓附近。虽然当时阿尔伯克基警方还不知道在橡树公园公寓发生过一桩几乎被定为悬案的失踪案件，但他们还是觉得有义务确认一下考特尼是否在那里也犯下了绑架案件。于是，在布鲁克失踪将近6个月之后，新的线索终于被送进了科瓦利斯警局，布鲁克失踪案件被重新启动调查。

此后，FBI找到了新的线索，在布鲁克失踪时，考特尼正在为一家房屋管理公司工作，公司派给他的车就是一辆绿色的货箱车。因为考特尼未经允许就将车子开到了新墨西哥州，所以公司不得不派人把车子追回，然后重新投入使用。这一次为了尽快调查出结果，警方直接将那辆货车买了下来，但对于能否从中找出证据，很多人都表示怀疑。因为首先那辆车已经被重新使用了很久，其次经常放在车上的都是一些清洁用的化学药品，留有痕迹的可能性微乎其微。

万幸的是，不久之后鉴定小组就传来了好消息，在货车被拆掉的座椅上发现了考特尼的指纹和DNA，并且在同一位置发现了布鲁克的指纹和DNA。最终，警方对考特尼的所有指控都宣告成立，尤其是其中的几宗强奸杀人案，足以让法院判其死刑。而随着乔伊·考特尼的罪行被发现，金桑谷的嫌疑也被彻底洗脱了。

随后，考特尼交代了自己的犯罪经过。当天，他对好几位女生进行了搭讪，并试图邀请她们上车，但都无一例外地被拒绝了。当他找到布鲁克的时候却发现，这个女孩不仅非常热心地给他指路，而且没有丝毫的戒备。这一发现令考特尼喜出望外，他便趁着周围没人把布鲁克挟持到车上，将其带到了远处的一片树林当中强奸并杀害。

【犯罪心理分析】

在本案中，考特尼无疑是个性犯罪惯犯。在美国法律中，关于强奸的法律规定极其详细，甚至到了极为繁复的程度。之所以会用到"繁复"这个词，是因为美国的法律对于强奸犯罪并没有起到很好的遏制作用，甚至对于已经发生的强奸犯罪都力有不逮。

美国司法部的资料显示，在美国被报告的强奸案中被定罪的只有不到3%，这大多是因为很多强奸犯罪在司法鉴定当中都难以取得足够的证据。还有就是在这些被定罪的不到3%的案件当中，案犯是工人阶层的占到了80%以上，这当然并不是说白领阶层不会犯罪，而是只有很少的白领性犯罪者会被起诉，即便被起诉了，也大多会因为能够聘得起强大的辩护律师团队而得以脱罪。对于考特尼来说，如果不是伴随着谋杀等暴力伤害，或许他也同样很难被定罪。

事实上，很多强奸犯在法律上虽然是加害者，但是在临床医学当中，却同样是受害者，姑且称之为"无法控制自己强烈欲望"的"病态人格"患者，当然也有人认为这是西方文化中的一种认知偏差所导致的错误结论。在法律上，考特尼确定无疑地属于攻击型强奸犯，或者是虐待型强奸犯。在犯罪心理学当中，考特尼属于非常典型的那一类人。

　　攻击型强奸犯通常是已婚者，但多半家庭会存在问题，而问题的起源多数是家庭暴力。事实上，考特尼就存在同样的问题，甚至严重到被自己的儿子打电话报警。同时，攻击型强奸犯还有另一个共同点，那就是在成年之前，或者说成为强奸犯之前，他们已经出现了相应的暴力行为，比如说考特尼长期以来的性侵历史。很显然，在本案案发之前，他的诸多性侵行为都由于各种原因被被害人隐瞒了下来，但也正是因此才助长了他进一步的犯罪行为。

　　大部分攻击型强奸犯还有一个特点，那就是很容易转化成谋杀犯。这类罪犯会将被害人的反抗和挣扎视作一场游戏，就如同玩游戏打怪一样，玩家在攻击的同时也会受到攻击，但是却没有人会因为受到攻击而停止去玩游戏。换而言之，在游戏当中杀死怪物是理所当然的一件事，并不需要系统要求或者规定。对于攻击型强奸犯来说也是一样，他们会寻找合适的目标下手，并不会因为目标是陌生人或者熟人而差别对待。这样的逻辑对于一般人来说或许难以接受，但对于考特尼之类的心理变态的罪犯来说却极为合理。

辛德拉·布鲁克案：恋童癖杀手

儿童性侵案件的嫌疑人大多数都是男性，尤其是针对女童的性侵案件，但有时候也会有例外。一旦警察在办案的时候过于遵循常例，就很有可能陷入死胡同。

在美国的加利福尼亚州有一个名叫布鲁科勒的小镇。小镇西部有一家奶牛养殖场，上百头奶牛惬意地生活在这里，大量的鲜奶每天从小镇送往周边的城市。上百头奶牛每天不仅会产出大量的鲜奶，同时也会有堆积成山的排泄物，为了处理这些排泄物，养殖场的老板专门在养殖场旁边挖了一个巨大的池子，用来存储还没来得及处理的奶牛粪便以及一些其他的垃圾。

2009 年 3 月的一天，养殖场的一名工人照常来到池子边处理积攒的垃圾，他突然发现池子旁扔着一个看起来还算不错的旅行箱。这里地处偏僻，很少有人会来这里，所以一个突然出现在这里的旅行箱就显得有些突兀。虽然感到好奇，但是这名工人还是决定等处理完垃圾之后，再去看看那个箱子里面到底装着什么。

干完手里的活儿以后，这名工人找到一把钩子试图把旅行箱勾出来。池子里的气味并不好闻，他犹豫了一下要不要放弃查看那只箱子，但是通过钩子传来的沉甸甸的感觉让这名工人产生了浓烈的兴趣，里面到底会有什么呢？费了不小的力气终于把箱子拉了出来，工人捂着鼻子用钩子拉开了箱子上的拉链，然后掀起了其中的一个角，原本的好奇瞬间被惊恐所取代——箱子里面是一具尸体！

接到工人打来的报警电话后，小镇警局的警察在 15 分钟之后抵达了现场。他们第一眼看到的就是站在一旁显得非常慌乱的养殖场工人，离他大概十几米的地方放着一个脏兮兮的旅行箱，箱子的拉链已经被拉开了一大半。随行而来的法医打开了箱子，呈现在眼前的情形让早有心理准备的警察们依然感到触目惊心。

箱子里面像婴儿一样蜷缩着一个大约八九岁的小女孩，粉红色的短袖上衣和牛仔短裤显得有些脏，尸体已经开始腐烂，这说明箱子被扔到这里已经有一段时间了。警方把尸体带回了警局，那个养殖场的工人作为第一目击者同样被带了回去，警方试图从他身上得到更多的信息，但最终发现这名工人确实和案件本身毫无关联。与此同时，寻找死者身份的公告也被张贴出去，尸检报告也摆上了案头。报告显示，这个小女孩生前被注射过大量的镇静剂，身上没有其他明显伤痕，不过有着遭受过严重性侵害的痕迹，但是法医并没有从中提取出其他人的 DNA，初步判断是被人用异物侵犯的。

第一个找到警方的并不是失踪孩子的家长，而是 FBI。他们在相邻的小镇里接到过一起儿童失踪案件的协助请求，失踪的小女孩名叫辛德拉·布鲁克，8 岁，在镇上的小学读二年级，辛德拉失踪的时候穿的正是粉色的短袖和牛仔短裤。

经过鉴定，死亡的孩子正是辛德拉·布鲁克。这对于 FBI 和辛德拉的父母来说无疑是一场噩耗，他们一直希望辛德拉只是被绑架或者走失，万万没想到会在邻近的小镇里发现她的尸体。就在几天之前，辛德拉在放学回家之后出去找朋友玩耍，她是个非常活泼好动的女孩，几乎和每个人都能开心地聊起来。辛德拉本该在快要天黑的时候回家，但是这一天傍晚却迟迟不见踪影，遍寻无果之后，辛德拉的母亲玛利亚·布鲁克选择了报警。

最开始，警方把目标放在了辛德拉的父亲身上。因为辛德拉的父母处于离异状态，并且对于女儿的抚养权一直存在争议，所以警方怀疑是辛德拉的父亲偷偷带走了她。在经过一番调查排除之后，有目击者称辛德拉失踪的当天，曾经有一辆外地面包车经过。警方又猜测辛德拉可能是被绑架了，所以向 FBI 发出了求助。谁料搜索还没有正式展开，他们就得到了最坏的消息——邻镇的警局贴出公告，他们发现了一名死去的小女孩，大约八九岁左右，身着粉色上衣和牛仔短裤。

得到新线索的 FBI 转移了案件的重心，他们不需要继续寻找失踪的小女孩了，但是一定要找到侵犯并杀害小女孩的凶手。根据尸检结果，他们把第一批嫌疑人目标锁定在了居住在两个小镇里的性犯罪者身上。在美国，所有的性犯罪者都必须时刻向居住地的执法部门汇报自己的行踪以及所从事的职业，所以 FBI 很快就通过档案搜索确定了侦查目标。

第一个被警方询问的是和辛德拉住在同一个小镇的一名中年男性，因为曾经有人目睹他亲吻过辛德拉，所以 FBI 怀疑他有恋童癖倾向。这名男子的态度让所有人措手不及，他并没有刻意掩饰自己，而是非常坦然地承认了目击者的证词和警方的猜测：他亲吻过辛德拉，并且具有恋童倾向。但在 FBI 试图进一步了解其他信息的时候，这个人坚决地否认自己对辛德拉抱有恶意，他声称自己并没有伤害过辛德拉，并且拿出了辛德拉出事当天自己的不在场证明。此外，还有一个每周固定时间会到小镇上出售冰激凌的小商贩也被警方传唤问话，因为按照惯例辛德拉出事当天他是不该去小镇的，但是有目击者发现他当天出现在了小镇上。但这两个人都没有儿童犯罪记录在案。

随后，警方的关注点转向了一对父子，这对父子有过猥亵儿童的前科，所以 FBI 把调查的重点放在了他们身上。虽然每个性犯罪者的信息都会在网上进行公示，但是辛德拉的父母似乎并没有关注过这些信息，所以他们并没有阻止辛德拉和这对父子来往，活泼可爱的辛德拉几乎和小镇上的每一个人都是朋友。

警方在这对父子的手机里面发现了一些照片，照片中辛德拉分别坐在两个人的腿上，令警方警惕的是，照片中辛德拉裤子上的拉链几乎是完全被拉开的，显而易见这意味着什么。警方开始寻找更多的证据，比如他们在辛德拉失踪的那个下午的行踪，又或者是否有人目击到他们曾经出现在邻镇的奶牛养殖场附近。

这对父子无法拿出令人信服的不在场证明，并且对于和辛德拉的关系也语焉不详，警方一眼就可以看出他们在隐瞒着什么。但令人意外的是，这对父子坚决不承认自己杀害了辛德拉，甚至提出可以进行测谎。本来所有人都认为这只是他们的虚张声势之举，但测谎的结果却出乎所有人的意料，他们顺利通过了测谎，也就是说他们没有杀害辛德拉——这不是撒谎。

尽管这对父子通过了测谎，但作为最有可能的嫌疑人，警方依旧没有放弃对他们的调查。就在案情陷入僵局的时候，FBI 找到了一些新线索，他们在挨个儿排查小镇居民的时候发现了另一个非常可疑的嫌疑人。这个人名叫梅丽莎·艾米，是一个单亲妈妈，有一个比辛德拉小两岁的儿子罗德，辛德拉经常会去梅丽莎的家里找罗德玩耍。

FBI 之所以会注意到梅丽莎，是因为她有过犯罪前科，她曾经在之前居住的小镇上给邻居家的孩子喝过含有大量镇静剂的饮料，虽然因为某些原因没有被起诉，但是也被迫选择了搬家，也就是搬到了辛德拉居住的小镇上。而这也与辛德拉的尸检报告当中的一点相吻合：辛德拉的体内含有大量的镇静剂。

随后，FBI 利用其庞大的资源开始调查，关于梅丽莎·艾米的更多信息被渐渐挖掘了出来：梅丽莎的丈夫之所以和她离婚就是因为她有恋童癖，并且具有暴虐倾向，她以前居住的地方曾经多次莫名其妙地发生火灾，但不知为何在离婚的时候法院会将儿子罗德交给她来抚养。尽管 FBI 并没有梅丽莎相关的儿童犯罪记录，但她依然具有重大的犯罪嫌疑。

面对警方的询问，梅丽莎称辛德拉被害的那个下午自己一直待在教堂里，并没有见过辛德拉。但调查员们随后在梅丽莎祖父的教堂中发现了和绑在旅行箱上的一模一样的绳子，还在教堂的厨房里发现了一根擀面杖，上面残留着一些没有被洗净的血迹，鉴定表明这是属于辛德拉的。这一点再次和尸检报告相符合，辛德拉曾经被人用异物侵犯过。

就在警方以为还需要寻找更加有力的证据来证明梅丽莎就是凶手的时候，她却出乎预料地承认了导致辛德拉死亡并且抛尸的就是自己，但梅丽莎并不是真的打算认罪，而是试图以另一种方式为自己开脱。梅丽莎说当时辛德拉正在和自己的儿子玩捉迷藏，是辛德拉要求自己把她锁在旅行箱里面的，但后来因为有事情要忙，这导致她忘记了辛德拉还在旅行箱里面，当她想起来的时候辛德拉已经死了。梅丽莎还声称自己给辛德拉做过急救，但是没有效果，无奈之下才选择抛尸的。但是，梅丽莎的狡辩中存在着一个巨大的漏洞，即辛德拉曾经受到过严重的性侵犯，而其伤痕和在教堂里找到的擀面杖十分吻合。

最终，梅丽莎·艾米以性侵儿童、虐待儿童、一级谋杀等多项罪名被起诉，地方法庭判决其终身监禁并不得假释。

【犯罪心理分析】

在大多数人的印象中，儿童性侵害者（恋童癖罪犯的法律术语）大多是男性，事实上，其中的女性犯罪者同样不在少数。在被害人不分男女的统计当中，女性犯罪者的比例为13%；如果将被害人限定为男孩，那么这一比例就会上升到24%；即便将被害人限定为女孩，其中女性犯罪者的比例依旧占到5%左右。

大概是由于主流社会当中对于恋童癖的极端负面态度，大部分恋童癖患者在案发之后都会想尽办法推脱责任，试图将自己的行为归罪于无法控制的外部力量，比如说喝醉了或者其他原因。但事实上，绝大多数恋童癖患者在犯罪的时候都是能清醒地思考问题的。

针对儿童的性犯罪一般分为几种情况，其中第一种就是天生的恋童癖，这一类人通常会把儿童看作正常的性生活伴侣，在他们看来，成年人与未成年人之间并没有区别。第二种是退化型恋童癖，这类人本来具有正常的性观念，但是在同龄人身上遭受到挫折之后，转而开始把目标放在未成年人的身上。一般来说，在这类犯罪中被害人最多，且多为女孩，在日本著名悬疑小说《白夜行》中，男主角桐原亮司的父亲桐原洋介就属于这种情况。第三种就是本案中梅丽莎·艾米所属的类型，有专家称之为攻击型或者虐待型恋童癖。

攻击型恋童癖通常有着反社会倾向，比方说案件当中提到梅丽莎居住的地方曾经多次莫名其妙地发生火灾。虽然没有直接证据，但基本上梅丽莎在哪里生活，哪里就会出现莫名其妙的火灾，这基本可以确定她本人就是纵火者，习惯性纵火也是反社会倾向的一种。其次，攻击型恋童癖大多偏好同性儿童，即同性恋童癖，这也是梅丽莎的儿子没有遇害，反而是辛德拉遇害的原因之一。

攻击型恋童癖通常不关心对方是否受到伤害，而是仅仅想要获得刺激，因此会经常使用一些残忍的手段来伤害被害人。通常被害人受到的伤害越大，罪犯就会越感到兴奋和刺激，梅丽莎就属于这种类型。

20世纪初，美国有一个被称作"狼人"的变态杀人狂阿尔伯特·费斯。他曾承认自己性侵害了超过400名儿童，其中可以确定的至少有6宗儿童谋杀案，手段极其残忍，这就是一个典型的攻击型恋童癖罪犯。

虽然这类恋童癖最危险，但事实上这种类型的罪犯数量极少。就因为数量极少，他们才成为媒体最乐于报道的类型，所以反倒成了大部分人印象中的儿童性犯罪者的典型形象。事实上，儿童性犯罪者所包含的犯罪行为极为广泛，比如在美国的法律当中，即便是触摸等行为也有可能构成儿童性犯罪。曾经就有一个华裔父亲因为给 12 岁的女儿洗澡而被强制剥夺了抚养权。

第二章

迷失的少年——未成年人犯罪

　　未成年人犯罪多发于 11 岁到 18 岁之间。在这一年龄阶段，他们从儿童期逐渐转向青少年时期，生理发育的速度达到了高峰期，比如说个子长得更快，身体也变得更加强壮，于是也就有了做出犯罪行为的基础。但与此同时，其心理发育的速度却很容易因为教育或社会环境的影响而滞后，甚至可以说，未成年人在这一阶段的生理和心理发育本来就是不同步的。

引子：未成年人与犯罪

在全世界大部分国家和地区，未成年人都是一个极为特殊的社会群体。他们关系到人类的未来，并且整体来说都属于弱势群体，因此法律会偏向性地为其提供一些保护措施。但是，弱势群体并非不会做出犯罪行为，因此对于未成年人犯罪的预防和处罚也一直是一个值得思考和研究的话题。

遗憾的是，媒体在有关未成年人犯罪的报道中总是偏重于犯罪者的年龄问题和所犯罪行的严重性，使得未成年人犯罪的危害言过其实不说，还呈现出一种极为混乱的状态。事实上，未成年人犯罪并不是无迹可寻的，我们有理由在早期给予其特殊的关注和正确的引导，然后我们就会发现，未成年人犯罪其实并不像媒体报道的那样耸人听闻。

所谓未成年人犯罪，顾名思义，就是指未成年人做出的犯罪行为。虽然社会和法律对于未成年人的态度要宽容很多，但未成年人犯罪始终是一个不容忽视的话题，甚至有愈演愈烈的倾向。暴力、色情等本应和未成年人毫无关联的词语，在各大门户网站上却几乎成了人们关注未成年人的主要缘由之一。

相较于其他类型的犯罪而言，未成年人犯罪才是更亟待解决的社会问题。想要解决和预防未成年人犯罪问题，首先要了解为什么未成年人犯罪会愈演愈烈。网上有人调侃："未成年人是最具危险性的群体之一，因为他们有好奇心、行动力、破坏力以及《未成年人保护法》。"这并不只是一句戏言，它还有更深层次的思考在里面。

未成年人犯罪多发于 11 岁到 18 岁之间。在这一年龄阶段，他们从儿童期逐渐转向青少年时期，生理发育的速度达到了高峰期，比如说个子长得更快，身体也变得更加强壮，于是也就有了做出犯罪行为的基础。但与此同时，其心理发育的速度却很容易因为教育或社会环境的影响而滞后，甚至可以说，未成年人在这一阶段的生理和心理发育本来就是不同步的。心理发育的滞后使得未成年人的精神状态处于一种非常不稳定的阶段，他们由于世界观正处于形成阶段，所以很容易受到外界的影响。青少年的心理特征具体可以体现在以下三个方面：

首先是感情充沛而理智不足。这一阶段的未成年人有能力主动去接触大量的新鲜事物，这些新鲜事物会不停地冲击他们的心理。但是由于没有足够的约束力，他们的感情极易被新鲜事物左右，从而形成各种极端情绪，这些情绪又反过来会影响未成年人对于事物的正确认知，于是他们很容易形成各种偏激的观念，从而导致犯罪行为的发生。

其次是意志较为薄弱。坚强的意志力需要长期的培养才能形成，在这方面没有捷径。一般来说，未成年人的意志力都较为薄弱。而一个人控制自己行为的关键恰恰就是意志力，因此未成年人想要自控显然会更加困难。另外，未成年人一般都是兴趣广泛而无重心，理想很多却不成熟，所以经常在正确与错误的边界飘忽不定，薄弱的意志力使得他们很容易做出越轨的行为。比如当成年人想要一件东西的时候，意志力会很容易抑制自己立即得到的心理，告诫自己通过合法的途径获得自己想要的东西；但对于未成年人来说，他们没有足够的意志力来控制自己的欲望，所以在遵从合法途径无法使自己获得满足的情况下很容易就会做出犯罪行为。

再次，独立意识增强但缺乏社会能力。未成年人在青少年阶段不论是生理还是心理都在逐渐走向成熟，与此同时，他们的独立意识也在不断增强。因此，他们会像成年人一样，对身边的事物开始做出思考和判断，并且强烈要求根据自己的判断来决定自己的行为。但是，由于社会经验不足，他们对事物难以形成全面的认识，并且不具备独立辨别事物真伪的能力，所以很容易产生错误的判断，而这些错误的判断极有可能令他们走向歧途，陷入人生的误区。

随着生理的发育，未成年人的精力也显得极为充沛，但由于没有充足的支配能力，这很容易使得他们把大量精力消耗在不正确的事情上，例如大量阅读宣扬暴力或者色情的书刊、电影，又或者是沉迷于网络游戏，等等。再比如说，未成年人有了足够的能力去采取行动来满足自己的好奇心，其中最吸引人的莫过于成年人世界的诸多秘密了，这很容易形成"禁果效应"，就是说越被禁止的事情就越会引起他们的兴趣。

减少未成年人犯罪最关键的环节在于引导与监督。美国 FBI 犯罪的统计数据显示：在严重的未成年人犯罪当中，仅有 15% 左右能够及时被警方察觉，即便是这被察觉的 15%，在移送司法机关审判后，其重复犯罪的概率依然很高。未成年人的确需要保护，但这种保护必须建立在约束和引导的基础之上，否则就是保护过度，在保护了其合法权益的同时也成了滋生未成年人犯罪的土壤。

骗了整个国家的 15 岁少年

在由真实故事改编的好莱坞电影《猫鼠游戏》中，莱昂纳多熟练地运用各种骗术，成功冒充了美国的上层人士，并且骗得巨额财富，却终因永无止境的贪欲而锒铛入狱。现实生活中发生的事情或许不如故事叙述得那样精彩，但就其传奇的色彩来说，却要更胜一筹。有句俗话叫"长江后浪推前浪"，现在的骗子在行骗方面的确一点都不逊色于同行前辈，甚至由于现代社会中科技发展的某些弊端和漏洞的存在，这令某些传奇的诈骗犯做出了更为惊人的事情。

2014 年，《纽约时报》报道了一个让无数读者"惊为天人"的西班牙少年，这个几乎没有任何背景的少年通过各种手段，神不知鬼不觉地成为西班牙上层社会的座上宾，甚至还参加了西班牙国王登基大典。这个神奇的骗子名叫弗朗西斯科·尼古拉·戈麦兹·伊格莱西亚斯，是西班牙金融研究学院的一名大学生。本来，他的行骗生涯一直顺风顺水，甚至从某种程度上来说，戈麦兹·伊格莱西亚斯已经成了"名副其实"的上层人士。但是，他在试图参加一次由美国大使馆举办的酒会时，却因为身份遭到怀疑而被断然拒绝；与此同时，他和西班牙皇室的一些交涉也引起了官方的怀疑。于是，后知后觉的西班牙警方终于对戈麦兹·伊格莱西亚斯展开了调查，此后，一个滑稽可笑的事实渐渐浮出水面。

2009 年，15 岁的戈麦兹·伊格莱西亚斯受家人引荐，加入了西班牙人民党旗下的一个重要的政治团体——社会分析及研究基金会，简称FAES。因为从小接受的家庭教育，精通人情世故的戈麦兹·伊格莱西亚斯开始了一系列与自己年龄不符的行动。

戈麦兹·伊格莱西亚斯首先借助 FAES 建立自己的人脉，并且积极地参与人民党的各种集会。虽然他并不是党员，却因为经常出席各种集会，已经成了党员们眼中的熟面孔，渐渐积攒起了一些威望。于是，他借机拉大旗作虎皮，组织了西班牙人民党有史以来规模最大的一届 18 岁以下青年党员的集会。事实上，这次集会本身并没有什么意义，戈麦兹·伊格莱西亚斯也没有试图表达些什么，只是把这次集会体现出的召集力当作自己的政治资本。

集会过后，戈麦兹·伊格莱西亚斯利用这一成绩向人民党总部提出了申请，要成立以他为主席的全国青年党员代表大会。一旦申请成功，他就会由一个普通人一跃成为小有影响力的政治人物。不过，大概人民党总部也对这个陌生的名字和冒昧的提议感到莫名其妙，所以毫无商量余地拒绝了戈麦兹·伊格莱西亚斯的提议。

虽然一步登天的计划没有得逞，但戈麦兹·伊格莱西亚斯依旧得到了可以继续狐假虎威的利器。在集会时他得到了一张与政界要员西班牙前首相、人民党终身荣誉主席阿斯纳尔的合影，这张照片就成了他在某些场合取信于人的工具。事实上，在那样的场合里，一个看起来颇有能力的年轻人去寻找阿斯纳尔请求合影，一般是不会被拒绝的，尽管阿斯纳尔本人并不是很清楚这个前来找自己合影的孩子究竟是什么人。

也正是出于这个原因，一些自称"大师"的骗子们总是喜欢到处炫耀自己和一些名人的合照，明明没有什么意义的合照总是会被他们当作自己的资本。正如某位前央视主持人，总是喜欢把与他出现在同一个镜头里的各国政要称为"我的朋友们"，事实上照片中的那些名人甚至都不会记得自己曾有过这么一次合影。

戈麦兹·伊格莱西亚斯的"虎皮"可不只这一张，他在 FAES 中还结识了另一个至关重要的人物——经济学家加西亚·勒加斯。加西亚·勒加斯曾经担任过首相办公厅的事务处主任，从 2007 年开始担任 FAES 的秘书长，2011 年 12 月更是同时接任西班牙政府的贸易国务秘书。担任国务秘书后的加西亚·勒加斯影响力骤增。于是，与之有过一面之缘的戈麦兹·伊格莱西亚斯开始自称是加西亚·勒加斯的学生。此后，这位"便宜导师"的威望就成了戈麦兹·伊格莱西亚斯与其他国家政要建立关系的敲门砖。

第一张"虎皮"可以让戈麦兹·伊格莱西亚斯在人民党内部经营自己的威望，而第二张"虎皮"则可以让他寻找更多的伪装。2012 年以后，戈麦兹·伊格莱西亚斯开始绞尽脑汁，想要尽可能地和更多的政要或富商会面、合影，这些经历和照片都将成为他将来行骗的资本。想想国内曾经红极一时的"气功大师"王林等人，是不是每人都有厚厚的几大本名人合影？

不过，戈麦兹·伊格莱西亚斯并不满足于此。他甚至会寻找一些借口拿到对方的手机，然后偷偷记录对方手机当中重要人物的联系方式，接下来再扯着虎皮和这些人搭上关系，抑或把这些号码存在自己的手机里以取信别人。人们往往对此信以为真，毕竟一个普通人的手机通讯录中是肯定不会有某部长或者某秘书长的联系方式的。

在积累起一定的"资历"之后，戈麦兹·伊格莱西亚斯就开始以政府顾问的身份频繁出入于一些非政府组织，光顾经常会有富豪们出入的场所，如伯纳乌球场的 VIP 专座等，在这里可以接触到更多有钱人和社会名流。除此之外，他还尽可能地参加每一次各种商界政界的会议、酒会、谈判。

于是，一个莫名其妙但又被人们习以为常的现象出现了：人们总能看到在一些政商会议中，一个年轻人非常突兀地坐在几乎全是中老年人的会议现场。与此同时，戈麦兹·伊格莱西亚斯的合影层次也在不断升级，其合影对象中就包括西班牙政府多个部门的国务秘书以及一些真正的豪门巨富。

尽管只有一些照片存在，但戈麦兹·伊格莱西亚斯还真的就凭借这些成了西班牙上层社会中的一个名人。虽然没有人能够确切地说出他的具体身份，但只要知道他认识很多名流，并且可以解决很多问题这就已经足够了。商人们需要的就是解决问题，而不是知道戈麦兹·伊格莱西亚斯这个人到底是谁。同时，为了加强自己的可信度，戈麦兹·伊格莱西亚斯还会故意伪造一些自己犯罪后逃脱责罚的证据。

就这样，戈麦兹·伊格莱西亚斯还真的促成了一笔笔权钱交易，并且从中收取了一定的佣金。在戈麦兹·伊格莱西亚斯的骗局败露之后，从法庭中流出的一份材料显示，某个地产商人为了谋求"土地交易便利"曾提供给戈麦兹·伊格莱西亚斯至少 25000 欧元。不仅如此，他的虎皮也越扯越大，他开始吹嘘自己和普京是密友，甚至可以凭私人身份联系到奥巴马。

仅仅有这些还是不够，虽然戈麦兹·伊格莱西亚斯到处吹嘘自己和普京及奥巴马的关系，但事实上他根本联系不上人家。于是，戈麦兹·伊格莱西亚斯开始准备自己的第三张虎皮——与西班牙皇室取得联系，一旦成功，他就可以假借皇室的名义去联系更多的人。

很快，他找到了接触皇室的机会。克里斯蒂娜公主因为一些原因遭到了起诉，于是，戈麦兹·伊格莱西亚斯就开始假冒所谓的皇室代表，以调解这次诉讼的名义开始和负责这起诉讼的检察官伯纳德接触。因为戈麦兹·伊格莱西亚斯租借了豪车并且雇用了规格很高的保镖队伍，所以，伯纳德检察官竟然丝毫没有怀疑他的身份。然后，戈麦兹·伊格莱西亚斯又开始以新的身份，假借可以调解这次诉讼的名义去接触皇室，不过效果并不尽如人意。

2014 年 6 月，西班牙前国王卡洛斯一世退位，新国王菲利佩六世登基。戈麦兹·伊格莱西亚斯如愿以其中一名嘉宾的同伴身份成功出席了这次只有 2000 人参加的登基典礼。当然，还有他一贯的做法——与新国王握手并合影。

按照戈麦兹·伊格莱西亚斯的计划，下一步大概就是尽可能地去接触皇室了。可惜美国大使馆酒会一事以及皇室对他的不信任，使得他身份败露，戈麦兹·伊格莱西亚斯之前假借各种名义进行的活动也被一一揭露，他将面临法庭的起诉。

戈麦兹·伊格莱西亚斯被捕一事在西班牙引起了轩然大波，民众一片哗然。一名年仅 20 岁的大学生竟然堂而皇之地出现在上层社会里，伪造各种身份出席诸多活动。最讽刺的是，整个上流社会竟然没有一丝警觉，这可以说是整个西班牙上层社会的丑闻了，更何况这个学生还以政府顾问的身份促成了一次次的权钱交易。为了让自己在这起丑闻中置身事外，凡是和戈麦兹·伊格莱西亚斯有过交集的政要名流们都纷纷与之撇清关系，包括西班牙皇室以及他的"便宜导师"加西亚·勒加斯。

尽管如此，负责审理戈麦兹·伊格莱西亚斯案件的法官还是坦言："很难理解，一个年仅十几岁的少年，仅仅凭借语言和一些照片就可以出席各种重要的政治场合，甚至还坐在主要席位上。"而在戈麦兹·伊格莱西亚斯遭到起诉后，他母亲的反应更是让人难以理解，她坚称自己的儿子是受到了某种陷害和迫害。

关于戈麦兹·伊格莱西亚斯的具体案情，在其被捕后关注的人就大大减少了，但人们对于整个西班牙上层社会以及戈麦兹·伊格莱西亚斯本人的调侃依旧层出不穷。在之后的很长一段时间内，打开戈麦兹·伊格莱西亚斯的脸书主页，不仅能看到他与政商要员的合影，还可以看见网友通过 PS 等软件为戈麦兹·伊格莱西亚斯量身打造的各种新合影，比如将戈麦兹·伊格莱西亚斯放入希特勒的历史照片中，等等。

【犯罪心理分析】

戈麦兹·伊格莱西亚斯的行为看似精明，事实上却可以归因于精神病态心理。在 FBI 的犯罪档案中，还有一个与之类似的案例，甚至还要技高一筹。

该案的主犯名叫费迪南德·沃尔多·德马拉，是一个不断变换身份并且乐于接受高等教育的超级骗子。他曾利用假身份进入美国海军服役，并且数次执行重要任务。在一次等待执行任务时，德马拉突然感觉自己的假身份可能要被揭穿，于是自导自演了一次"自杀事件"，顺利地骗过了海军方面，使他们真的以为一名海军士兵因为某些原因"自杀"了。

诈死之后的德马拉不知通过什么手段，竟然得到了一个名叫弗伦奇的哈佛心理学博士的身份证明，通过短暂的自学之后，就摇身一变成了加拿大一所大学的哲学系主任，甚至亲自教授了多门心理学课程。事实上，在成为"弗伦奇"之前，德马拉本人并没有过任何学习心理学的经历。

接下来更加离谱的事情发生了，在担任哲学系主任的时候，德马拉和一个名叫约瑟夫·西尔的内科医生成了好朋友，在两人的交往过程中德马拉学到了一些基础的医学知识，并且伺机得到了约瑟夫·西尔的相关个人证明。不久之后，或许是大学教授的身份让他开始觉得枯燥无味了，所以德马拉又摇身一变成了"约瑟夫·西尔"医生，借用从真正的约瑟夫·西尔医生那里得到的身份证明，成功地成为加拿大皇家海军的一名军医，并且在此期间自学了大量的医学知识。

后来，朝鲜战争爆发，已经成为约瑟夫·西尔医生的德马拉被委派到一艘舰艇上担任紧急治疗医生。随后，3名重伤垂危的病人被送到德马拉所在的舰艇上。于是，从来没有参与过甚至都没见过外科手术的德马拉通过简单的书本学习之后连夜开始手术。让所有人大跌眼镜的是，毫无手术经验的他竟然顺利地完成了手术，并且趁热打铁给另外十几名病人进行了治疗。

这次医疗事迹迅速成为当地的热门新闻，一个名叫"约瑟夫·西尔"的医生凭借自己高超的医术挽救了3名重伤垂危的士兵的性命。德马拉在舰艇上的事迹及照片被大篇幅地刊登在报纸上，而他的真实身份也由此被发现。真正的约瑟夫·西尔医生看到新闻之后揭发了德马拉，加拿大海军在调查的时候才发现，约瑟夫·西尔医生所提供的弗伦奇的身份信息竟然也不是德马拉的真实身份，由此他的经历被一挖到底，现了原形。

和戈麦兹·伊格莱西亚斯的结局不同，加拿大皇家海军为了避免尴尬，并没有追究德马拉的冒名行为。事实上，在那时候盗用身份也不是什么太大的罪名。

很多精神病态者都有暴力犯罪的前科，但这并不代表所有的精神病态者都会进行暴力犯罪行为。德马拉和本案中的戈麦兹·伊格莱西亚斯就是其中的一些特例，他们所钟情的是不断利用虚假的身份信息来达成自己的目的。当然二者的目标也有所不同，戈麦兹·伊格莱西亚斯更多是为了获取名利，德马拉则更像是一个不断追寻新鲜刺激的疯子。

被判终身监禁的 12 岁少年

1999 年 7 月 28 日晚 10 点 30 分左右,罗德岱堡郊区警局接到了一通报警电话。电话那头的语气非常急促,一个自称凯瑟琳·葛瑟泰特的女人告诉警察,借住在自己家中的 6 岁女童在剧烈的呕吐之后停止了呼吸。"没有呼吸、没有脉搏、浑身冰冷",这是当时凯瑟琳告诉接线员的情况。接线员在简要地询问了几个问题后,便一边指导凯瑟琳给小女孩进行心肺复苏,一边迅速打电话给医院请求派出救护车。几分钟后救护车到达,虽然此时的小女孩已经没有了生命迹象,但救护车还是以最快的速度将她送往医院。结局非常遗憾,当晚 11 时左右,小女孩在医院中被宣布死亡。

此后,当时正好在警局值班的副警长和探员们一起前往凯瑟琳的家中了解情况。凯瑟琳家里只有她和儿子莱诺,死亡的女童名叫蒂芬妮·尤尼克,是凯瑟琳好友的女儿。凯瑟琳告诉警方,她在晚上 7 点的时候给莱诺和蒂芬妮准备了晚餐,之后便上楼睡觉了,只剩下莱诺和蒂芬妮两个人在客厅里玩耍,平常也都是这样的。

莱诺的证词也很简单,他说蒂芬妮在吃完饭之后就一直喊着肚子疼,然后趴在了地上,当他再次注意到蒂芬妮的时候,她似乎已经没有了呼吸。有些惊慌的他迅速跑上楼告诉了自己的母亲,而凯瑟琳在知道了事情后也立刻拨打了报警电话。

探员们听取了两人的证词后得出了结论：蒂芬妮的死亡应该是一场意外。根据凯瑟琳母子的描述，蒂芬妮更像是被噎死的。从现场看，也没有任何他杀的迹象。但这只是探员们初步的判断，详细情况还要等待验尸官的报告，不过探员们心中似乎都已经认同那应该只是一场意外。

然而在蒂芬妮死亡的第二天，也就是 7 月 29 日，一份验尸报告却让参与案件调查的探员们大为震惊，事情似乎并不像他们想象得那么简单。这个体重仅有 21 公斤的小女孩全身上下竟然有包括脑出血、脑颅破裂、肋骨断裂以及肝脏撕裂等 35 处伤痕。这显然不是一般的意外受伤，只有故意伤害一种可能性。根据验尸结果，蒂芬妮的死因被判定为谋杀，案件的性质迅速发生转变。警方最初的怀疑对象是凯瑟琳，探员们觉得她可能隐瞒了什么可怕的事实。

为了查明真相，警方在拿到验尸报告后再次前往凯瑟琳的家中进行调查，却发现那里空无一人。最后，他们在凯瑟琳的亲戚家里找到了莱诺。因为佛罗里达州的法律并未禁止警方在没有监护人在场的情况下询问未成年人，所以莱诺被立即带回了警局。

很快，警方便发现了第一条线索，在警方询问当晚莱诺和蒂芬妮在干什么的时候，莱诺回答自己在和蒂芬妮玩抓贼游戏。这样一来，蒂芬妮身上的伤痕似乎找到了来源。因为莱诺虽然仅有 12 岁，但体重已经超过了 77 公斤，他完全有能力造成蒂芬妮身上的全部伤痕。

在更细致地询问后，警方大致还原了蒂芬妮受伤的过程：在他们玩游戏的时候，莱诺会扑上去抱住蒂芬妮，整个过程中曾多次发生碰撞，然后，蒂芬妮突然捂着肋部去浴室呕吐，吐完之后就变得非常没有精神。"我感觉她非常疲惫，甚至在躺下的时候头都没有枕在枕头上面。"莱诺这样告诉警方，他看到蒂芬妮没有枕到枕头，所以便想扶她躺好，这期间不小心令蒂芬妮的头部撞到了床边的桌子上。之后蒂芬妮曾经大声喊叫，吵醒了正在睡觉的凯瑟琳，凯瑟琳便要求莱诺让蒂芬妮安静一些。

这份口供让探员们感到非常吃惊。首先可以确定蒂芬妮身上的伤痕来自莱诺，而且莱诺正在极力让自己对伤害蒂芬妮的过程表现得无足轻重。在警方审讯完莱诺之后，凯瑟琳出现在警局。她说自己在睡觉的时候听见了蒂芬妮的叫喊，但下楼询问时，莱诺却说蒂芬妮只是在乱喊乱叫，隐瞒了蒂芬妮受伤的事实。这时候警方基本可以判断，莱诺是在刻意殴打蒂芬妮，然后为了逃避责罚，没有把这一事实告诉自己的母亲。

根据验尸官的判断，蒂芬妮从开始被殴打到死亡需要很长一段时间，这期间蒂芬妮不可能感受不到痛苦，而莱诺也不可能看不出蒂芬妮的痛苦，这显然是一起故意谋杀案件。于是，警方以杀害蒂芬妮·尤尼克的罪名逮捕了莱诺，此后才是案件真正的开始。

闻讯而来的媒体开始争相报道这一案件，社会各界都在议论纷纷。没有人能够理解一个从未有过违法行为的 12 岁男孩怎么会犯下如此残忍的谋杀罪。一名记者在经过大量的走访之后给出了这样的结论：他并不是一个暴力型少年犯，没有任何犯罪前科。这样的结果很难令人们信服，他们总觉得是哪里出了问题。探员们为了弄清楚这起悲剧发生的原因，开始详细调查莱诺·泰特的背景。

一名 12 岁的男孩将一个 6 岁的女孩殴打致死，这样的新闻迅速霸占了各大报纸的头条，一位名叫刘易斯的律师受委托为莱诺辩护。莱诺承认了自己在和蒂芬妮进行玩耍的时候有过碰撞，却拒绝向警方透露更加详细的过程。刘易斯在了解了案件的全部情况后，说出了自己的看法：他不认为莱诺谋杀了蒂芬妮，他觉得蒂芬妮身上的伤痕是莱诺无意中造成的，毕竟他只是一个年仅 12 岁的孩子，并不知道自己的力气有多大，会给蒂芬妮造成多大的伤害。

但是警方并不认同这样的说法，他们认为蒂芬妮所受的伤属于严重殴打，并不是无意中的碰撞可以造成的，并指出莱诺应该在成人法庭里受审。因为在佛罗里达州的少年法庭中，最多只能判处莱诺在青少年拘留所服刑 6 个月。警方认为蒂芬妮的生命不应该只值 6 个月的刑期，显然他们无法容忍一个把年仅 6 岁的小女孩残忍殴打致死的人轻而易举地逃脱惩罚，即便他也只有 12 岁。

接下来，问题的重点来了，对于一个年仅 12 岁的少年，究竟该以什么样的罪名对其提起诉讼呢？为此陪审团进行了激烈的讨论。大批记者围在法庭外面，他们急切地想知道陪审团会做出什么样的决定。几个小时后，检察官走出法庭，宣布了一个令人震惊的消息：陪审团决定对被告莱诺·泰特以一级谋杀罪提起诉讼。在美国的法律当中，正常情况下一级谋杀罪已经是最严重的指控了，一旦罪名成立，那么莱诺·泰勒将会被判处终身监禁。

记者们都感到分外吃惊，原本是想要知道莱诺究竟会在少年法庭接受审判还是在成人法庭接受审判，谁知陪审团竟然做出了最为严厉的决定。面对人们的质疑，陪审团表示他们只是就事论事，虽然可以用二级谋杀或者其他较轻的罪名起诉，但是他们没有那么做，显然这个 12 岁男孩所做的事情让他们觉得不应该因为年龄而宽恕他。

一时间，关于莱诺·泰特的行为能否构成谋杀罪的讨论成为各大媒体关注的焦点。莱诺为什么会做出这样的事同样成了人们讨论的热点，于是，关于莱诺·泰特的一些资料开始呈现在公众面前。

莱诺·泰特于 1987 年 1 月出生于伊利诺伊州海军基地。他的父母曾经都是军人，两人在莱诺一岁的时候离婚，此后，母亲凯瑟琳·葛瑟泰特成为他的主要监护人。由于凯瑟琳工作繁忙，莱诺被长时间地交给亲戚们照顾。于是人们开始推断，正是由于和母亲长时间的分离使得莱诺的心理产生了创伤。莱诺的老师也认为莱诺十分渴望得到人们的关注，为此他会过度地装疯卖傻，从来不肯把握尺度，也不懂得适可而止，也正是因此才会闯下大祸。

根据警方的调查，1990 年年初，凯瑟琳带领莱诺在罗德岱堡定居。此时的莱诺已经开始表现出破坏性行为的早期迹象：他会经常性地挑衅同学，然后偷走他们的玩具。

1996 年，凯瑟琳准备参加佛罗里达州公路巡警的考试，为了有充足的时间应付考试，莱诺被送去密西西比州的亲戚家暂住，这次的借住足足持续了一年。回来之后，莱诺发生了很大的变化，他的体格要比同龄人魁梧很多，学校的老师们说，莱诺经常会依仗自己的体格去欺负同学。莱诺倒不会让老师和家长发现自己的行为，而总是暗中挑衅同学，直到很多同学都不愿意和莱诺坐在一起时，老师才有所察觉。

每当莱诺在班上惹了祸后，他都会告诉老师是别人在陷害他，而凯瑟琳对自己的儿子无比信任，每当老师提起莱诺在学校的行为时，她总认为不是自己儿子的错。不仅如此，凯瑟琳只会跑到学校抗议老师们对莱诺的管教，有时还会直接穿着巡警制服、腰里别着枪过去，和老师们争论。她从来不认为自己的儿子有错，而是坚决地要找出那个"应当"承担错误的人，这个人绝对不可能是她的儿子。一些老师对此苦不堪言，甚至已经预料到莱诺将来一定会闯祸。就这样，莱诺成了一个在学校里极度不受欢迎的人。

就在这时候，凯瑟琳和自己的老朋友德维西·尤尼克重新取得了联系。德维西有个6岁的女儿蒂芬妮，两人开始轮流照顾两个孩子。1999年7月28日，凯瑟琳从德维西家里接走了蒂芬妮，谁料，这次别离竟然成了德维西和自己女儿的永别。当天晚上，凯瑟琳打电话给德维西询问她蒂芬妮是否有哮喘，然后遗憾地告诉她蒂芬妮没有呼吸了。

这是一起让所有人措手不及的案件，一个未成年人被控一级谋杀罪，这在美国历史上根本没有先例，就连律师们都觉得非常棘手。为了帮莱诺洗脱罪名，律师刘易斯提出了这样一个观点，那就是莱诺在模仿职业摔跤选手的动作时，意外造成了蒂芬妮的死亡。这一观点引起了巨大的争议，一时间，蒂芬妮的死亡甚至已经不再是本案的重点了，媒体转而开始关注有关这种暴力体育运动的争论。

为了让自己的观点更具有说服力，刘易斯向媒体公布了一盘录像，录像中辩方的心理医生主持了一次与莱诺回顾案发当时情况的谈话。录像当中，莱诺在蒂芬妮丧生的客厅里示范自己是如何与蒂芬妮假装摔跤的，一连串的动作长达几十分钟。对于刘易斯而言，这已经可以证明蒂芬妮的死亡是莱诺意外造成的。但是在起诉方看来，刘易斯的策略不过是在转移人们的注意力，这根本就是在胡搅蛮缠，这完全就是为了脱罪而故意混淆视线。

随后，警方也拿出了最开始审问莱诺时的录音，录音当中莱诺对摔跤一事只字未提。而且就尸检报告来看，女孩的伤绝对不是摔跤造成的，那是猛烈的殴打所导致的。

就在控辩双方进行激烈辩论的时候，舆论对于这起案件也有了一个较为清晰的结论：他们认为莱诺·泰勒应该接受惩罚，但是终身监禁却有些过于严重。持有这样观点的人甚至包括蒂芬妮的母亲和检方律师。有了蒂芬妮母亲的支持，检方和莱诺的辩护律师很快达成了协议，协议内容包括莱诺承认自己犯下了二级谋杀罪，并且需要在青少年监狱服刑 3 年。这相比于终身监禁，简直已经轻了太多。检方认为这样的结果既给蒂芬妮讨回了公道，又让莱诺受到了惩罚，而且还不至于毁掉莱诺的一生，这个方案似乎各方都能够接受。

就在所有人都认为这起案件即将画下一个圆满句号的时候，变故发生了。因为莱诺是未成年人，所以他被判定不具有承认协议内容的权力，所以想要达成协议，还需要他母亲凯瑟琳的同意。令所有人意外的是，凯瑟琳毫不犹豫地拒绝了这项协议，并坚持认为自己的儿子没有错，莱诺是完全无辜的。虽然检方律师多次重新提出协议，但都无一例外地被凯瑟琳拒绝了。

2001 年 1 月 16 日，在罗德岱堡市布劳瓦郡法院，关于莱诺·泰特将 6 岁的蒂芬妮殴打致死一案开庭审理。因为成人法庭允许记者进入，所以几乎全美国的记者都涌了进去，甚至还有不少外国记者。这一次，检方提供了新的证据，因为莱诺承认自己殴打了蒂芬妮至少 40 拳。而辩方律师刘易斯依旧坚持以前的观点，认为蒂芬妮是在和莱诺模仿摔跤游戏的时候意外受伤致死的，莱诺没有杀害蒂芬妮的动机。

然而随着第一位证人的传唤，局势出现了变化，第一位证人正是蒂芬妮的母亲德维西·尤尼克。据德维西描述，在蒂芬妮死后的第二天，莱诺曾和她有过一次谈话，表示自己希望可以搬去和德维西一起生活，因为蒂芬妮不会回去了。这被检方认为是莱诺杀死蒂芬妮的动机之一，但在接下来的交叉询问当中，德维西也承认莱诺非常关心蒂芬妮。审判一时陷入了僵局。

在第二天的审理中，检方进一步提出了更加有力的证据。在此之前，辩方律师刘易斯曾经公布了一盘录像，用来证明莱诺是在与蒂芬妮玩摔跤游戏。但检方抓住了其中最大的漏洞，录像当中的动作根本无法造成蒂芬妮身上的伤势。如果想要意外造成蒂芬妮身上的伤势，那么至少需要等同于从三层楼高的地方坠落的力量。而且在最初的口供录音中，莱诺并没有提过任何类似录像中的描述，更没有提到职业摔跤这个词语。

在经过为期数天的激烈辩论之后，局势渐渐明朗。在辩方律师刘易斯的证人证明了模仿职业摔跤的动作可能造成蒂芬妮身上的伤势之后，同时也证明了如此严重的伤势不像是一场意外。眼见局势已经极度倾斜，辩方律师请出了最后一位证人——莱诺的母亲凯瑟琳。刘易斯原本希望她的证词可以让莱诺获得陪审团的同情，然而这位母亲不仅没有取得积极的效果，反而让陪审团觉得对于蒂芬妮的死亡，凯瑟琳也应该承担一部分责任。于是，莱诺·泰特的罪名最终成立了。

一级谋杀罪坐实之后，莱诺·泰特被判处终身监禁，并且不得假释。这个结果连检方都无法接受，但由于之前凯瑟琳拒绝了认罪协定，这使得她的儿子失去了最后的机会。宣判之后，该案件并没有随之结束。民众对于这次判决的结果由震惊转变为愤怒，他们希望州长可以特赦莱诺，并且一直支持莱诺案件的上诉。

最终，在莱诺被判决两年之后，上诉法庭以莱诺受审时不具备成年人的行为能力却在成年法庭接受审判为由，开始重审该案。为了避免再次出现之前的局面，检方律师再次提出了认罪协议。这一次凯瑟琳接受了协议，莱诺将在一年之后出狱，交由他的母亲监护。

【犯罪心理分析】

在心理学中，莱诺的情况被称为"品行障碍"，具体说来属于其中的攻击性品行障碍。

具有攻击性品行障碍的孩子很容易受到同伴的排挤，在儿童心中，并不会因为谁的拳头大就臣服于谁，他们会在感到害怕之后刻意疏远对方。莱诺在学校里就处于这样一种窘境，他基本没有朋友，因为别的孩子都害怕受到他的伤害。这样的孩子其实是极度渴望友谊的，所以，辩护律师认为莱诺非常喜欢蒂芬妮应该是事实。尽管如此，莱诺性格当中的攻击性并不会因此而消失。由于年龄太小，他自己可能并不会意识到，是攻击性使自己失去了朋友；恰恰相反，因为缺乏足够的社交技能，莱诺只能通过自己惯用的手段来满足自己的需求。对于发育较快的莱诺来说，身体强壮就是他的优势所在，在没有接受正确教导的情况下，用暴力胁迫自然也就成了他惯用的手段。

对于孩子暴力行为的纠正并不能只依靠学校一方，而是需要学校、家长与社会三方面的协同努力。本案中，莱诺的母亲不仅不对他进行正确的教育，反而盲目地维护自己的儿子，这很容易让莱诺产生自己的行为并没有错的意识。男孩和女孩的兴趣本就不同，尤其是只有 6 岁的蒂芬妮和已经 12 岁的莱诺在一起的时候，在还没有学会迁就朋友的年龄阶段，自然会选择让对方陪自己玩想玩的游戏，一旦蒂芬妮不愿意，那么莱诺就会采取暴力胁迫的手段来让蒂芬妮服从自己，这也与他殴打蒂芬妮的行为相一致。

小小年纪的恶魔如何诞生

人们为什么会害怕暴力和死亡呢？大概是因为从小就有人告诉我们那是一件很恐怖的事情。那么，假如从来没有人教导过孩子暴力甚至暴力致死是错误的，是恐怖的，孩子在心中又会如何看待这些事情呢？

在伦敦以北大约 275 公里的地方，有一个非常贫穷的小镇，名叫纽卡斯尔。1968 年 5 月 25 日，镇上的一个男孩被发现死在了一栋房子的地板上。死去的男孩名叫马丁·布朗，年仅 4 岁。大人们一边等待着警察的到来，一边议论纷纷地猜测着马丁是如何死亡的，他们猜马丁大概是不小心吃了大人没藏好的老鼠药吧，显然家长应当为马丁的死负责。

这时候，年仅 10 岁的玛丽·贝尔带着她的好朋友罗拉向这座房子走过来。大人们当然不想让小孩子见到这样的场景，于是不约而同地把她们挡在了外面。"我只是想带罗拉来看看马丁的尸体。"长着一头黑发、有着一双锐利的蓝眼睛的玛丽·贝尔笑嘻嘻地告诉大人们自己来的目的。果然是惹人生厌的年纪，大人们一边责备玛丽不懂事，一边将她们哄了出去，同时也在惊讶这两个小女孩的胆子怎么这么大。

房间是进不去了，于是玛丽和罗拉试图去别的地方继续自己的"游戏"，或许在她们心里确实认为这只是一个游戏。第一站是马丁阿姨的家，她们要去报告自己的发现。"马丁死了。"这是两个小女孩敲开门之后的第一句话，马丁的阿姨瞬间惊呆了。不过玛丽丝毫不做理会，而是继续用自己所能想到的各种词汇描述着马丁死时恐怖的样子。

马丁的阿姨开始还祈祷这只是个恶作剧，不过随后这一消息就被证实了，马丁的阿姨陷入了深深的悲痛。她并没有把玛丽的表现放在心上，毕竟这个年纪的孩子总是那么令人讨厌，行为举止也总是不合时宜。但玛丽一直在旁边喋喋不休，夸张的描述和幸灾乐祸的态度终于让马丁的阿姨感到忍无可忍，于是两个小女孩再次被轰了出去。

事发第二天就是玛丽的生日，不过大概也没有人会记得。玛丽的母亲是个妓女，在 16 岁的时候生下了她，至于玛丽的父亲到底是谁至今还是一个谜。虽然不确定，但玛丽的母亲贝蒂坚持认为应该是经常和她约会的比利·贝尔，所以玛丽才会被人们叫成玛丽·贝尔。生日当天的玛丽依旧无所事事，于是她又带着罗拉来到了马丁家里。她们很乖巧地敲开门，礼貌地询问马丁是否在家。

马丁的母亲显得非常憔悴，很明显，儿子的意外身亡简直令她痛不欲生。不过，她还是很客气地告诉两个小女孩马丁已经死了，不能再和她们一起玩耍了。谁料玛丽听后不仅没有转身离开或者表示难过，反而露出了有些邪恶的笑容："我们知道，我们就想来看看棺材中的马丁。"悲痛的母亲被两个小孩气得七窍生烟，就算是童言无忌，也不能这么过分吧！于是她转身回屋，只留下震天响的摔门声。

警察开始例行调查周围的住户，询问他们当中是否有人目睹了马丁·布朗出事的经过，但是毫无收获。唯一与案情有关的只有一张来自玛丽的纸条，上面清楚地写着："我杀了人，我们杀了马丁·布朗这个小杂种。杀人似乎并不是一件很困难的事情，如果可以杀死一个人，然后到处宣扬，似乎也是一件非常有趣的事。"

如果写下这番话的是一个成年人，那么警方大概会立即将其控制起来并进行审讯。但对方毕竟只是一个年仅 10 岁的小女孩，所以警察们虽然觉得奇怪，却也没有太过认真地对待。尽管如此，他们还是仔细询问了玛丽为什么会写下这样的话。玛丽的解释让所有人放下疑虑，她说自己只是写着好玩的。之后，再也没有谁生出过哪怕一丝"这个小女孩杀人了"的念头。

多年以后，FBI 中专门从事变态心理犯罪研究的专家们在借阅当年的案件卷宗时，被其中的一幅画吸引了注意力，那是马丁·布朗死亡当天玛丽交给老师的绘画作业。作业本上画了一个趴在地上的小孩子，他的姿势和马丁被发现死亡的时候一模一样，旁边还画了一个瓶子，上面写着一个单词，"药片"。图画旁的文字则是这么写的："星期天，我和罗拉在小路上玩耍。我们发现有很多人围在一栋白色的房子外面，于是走上前去询问发生了什么。原来房子里面躺着一个死去的男孩。"

这幅画和上面的文字已经很能说明问题了。因为玛丽和罗拉刚刚靠近就被大人们赶了出去，所以当时她们根本没能看见房间里面的情况，因此那幅画至少可以证明，玛丽发现马丁的时间要比围观的大人们更早。也就是说，玛丽和罗拉在走过去之前是知道马丁死在里面的，所以她在作业里撒了谎。可惜，没有谁会在意一个 10 岁小女孩的异常举动，例行公事地调查之后，警方就对显而易见的线索置之不理了。

同年 7 月 31 日，悲剧再次发生了。拜恩，一个年仅 3 岁，长着一头漂亮金发的小男孩失踪了。他的姐姐柏特焦急地四处寻找。闻讯而来的玛丽和罗拉异常热情地一起帮着寻找。后来，玛丽径直带着柏特来到小孩子们经常聚在一起玩耍的铁路旁边,然后指着一堆瓦砾说拜恩很可能就在那里。眼见天色已晚,柏特因为害怕并没有走过去,而是转身回家告诉了家里的大人。

当日晚 11 时,警方根据柏特的描述在那堆瓦砾里找到了拜恩的尸体。拜恩是被人勒死的,被发现的时候他遍体鳞伤,小腹上还被刻了一个英文字母"M",旁边的草丛里扔着一把剪刀。

在警方调查的时候,玛丽再一次进入了他们的视线。上次玛丽说自己杀了人,而这次则准确地告知了拜恩死亡的地点,对此,警方不得不重新审视玛丽和这两起案件的关联。要知道,当巧合接二连三地出现的时候,那就不再是巧合了。随着调查的不断深入,警方才恍然发现自己之前竟然错过了多么重要的线索。

在马丁·布朗死后,玛丽的表现十分异常。她经常尖叫称自己就是杀人凶手,但大人们都不以为意,而其他的小孩则一直在嘲笑她。大概在没有是非观的孩子们心中,能做到常人不能做的事情都是非常有面子的,甚至包括杀人,所以在他们看来,玛丽一定是为了有面子才故意这么说的,因此才会毫不吝惜地去嘲笑和讥讽她。

不仅如此,玛丽那"要命"的恶作剧一直没有停止。在拜恩死亡的前几天,她曾经跑到拜恩家里,告诉他的家人拜恩被罗拉勒死了,一边说还一边模仿着被某个人勒住脖子的样子。当时,人们已经有些习惯这个爱搞恶作剧的女孩了,所以根本没人在意。令他们意想不到的是,几天之后拜恩真的被勒死了!

此后,更多的信息被挖掘了出来。这个从小缺乏家庭管教的女孩一直有着不同程度的暴力倾向:她曾经把一个 3 岁的男孩推下楼梯,致使男孩摔得头破血流；还曾经袭击过 3 个女孩子，使劲地扼住她们的脖子。尽管办案的警官们都从对方的眼中看到了深深的不可思议，但现实情况却让他们不得不把作案嫌疑放在这两个小女孩身上。罗拉也是犯罪嫌疑人之一，因为她一直和玛丽一起行动，并且在两起悲剧发生之后同样显得无比兴奋。

在拜恩的葬礼上，一名警察看到了令他毛骨悚然的一幕：玛丽的表情不同于大人们的悲伤和其他小孩子的不明所以，而是一直盯着棺材兴奋地笑着，还在不停地搓手。在那一瞬间，这名警官甚至生出一种立刻逃离现场的恐惧。

毕竟都是小孩子，在警方确立目标之后，真相很快就水落石出了。罗拉在得知玛丽告诉拜恩的家人是自己杀死了拜恩之后，也不甘示弱地向警方"告密"了。她告诉警察是玛丽杀死了拜恩，并且带着自己去看了拜恩的尸体，还警告自己不许告诉任何人。

而玛丽在经历了刚见到警察时的惊慌失措后很快就冷静了下来，她一口否认了罗拉的证词，讲出了一个截然相反的经过："我、罗拉还有拜恩在铁路边一起玩耍，但不知道为什么罗拉和拜恩发生了争吵。然后罗拉突然开始疯了一样地掐着拜恩的脖子，还不停地撞他的头。我想上前劝阻，却被罗拉赶走了。她还威胁我不许把这件事说出去，否则就掐我的脖子。"

原本要好到形影不离的两个女孩突然之间变成了仇人。在被捕的第一天，两个人就把拘留室里闹了个鸡飞狗跳。警方不得已只好把两个人分开关押，但她们依旧隔着铁门不停地臭骂着对方。即便是在之后的庭审过程中，两个人也严重地互相敌视，每当其中一人指控另一人的罪行时，被指控的一方就会异常暴躁。

令人疑惑不解的是，两个人在庭审当中的表情和反应却总是惊人的一致。根据守卫的回忆，在关押期间，玛丽还曾用十分恶毒的话语咒骂过自己的母亲。于是，一起轰动整个英国的案件就这样传开了——两个未成年女孩因涉嫌谋杀被起诉，当时的玛丽年仅10岁，而罗拉也才刚13岁而已。

经过鉴定，马丁和拜恩的尸体上都留有玛丽的衣服纤维，而拜恩的鞋子上还有罗拉的衣服纤维。再加上其他证据的比对，罗拉是否有罪还是一个需要讨论的问题，而玛丽的罪名却已经坐实了，她确实杀害了两个小男孩。

面对起诉，玛丽显得非常冷静，而罗拉却一度因惊慌而失态，大声咒骂着所有人。玛丽在法庭上的冷静表现令在场的人感到吃惊，即便在多年以后翻阅卷宗的犯罪心理学专家也无法完全解读出玛丽当时的心态。根据当年经办此案的工作人员回忆，玛丽是一个异常早熟而聪明的孩子，但她的言行却时常令人意外甚至恐惧。

事实上，玛丽原本是可以获得陪审团的同情的。她的父亲比利·贝尔是一个盗窃惯犯，母亲则是一个妓女。为了能够领到政府发给单亲家庭的救济金，玛丽不得不称呼自己的父亲为叔叔。根据周围邻居的证词，玛丽的家只是一座没有任何温暖可言的空房子，唯一能够陪伴她的，只有一只经常对着路人狂吠的小狗。

在玛丽更小的时候，她的母亲其实是不愿意抚养她的。贝蒂把玛丽四处送人，先后送给了亲戚、收养家庭等，但都没能成功。因为没有大人的照顾，玛丽小的时候经常会尿床，母亲贝蒂非但不认为这是自己的过失，反而对她恶语相向，不停地责骂和羞辱她。不仅如此，她的母亲还把尿湿的床单拿到外面去和邻居一起取笑她，这使得她一度非常害怕睡觉，害怕自己又会在睡梦中尿床。

由此可以推断，玛丽之所以会做出如此残忍的事情，多半是家庭原因导致的后天形成的病态心理。如果玛丽把这些情况都呈现在法庭上，然后再表现得软弱一些，很容易就会获得陪审团的同情。另一个被告罗拉就是这样做的，她的辩护律师把她描述成一个淘气爱玩的女孩，让陪审团认为罗拉只是因为贪玩和不懂事才卷进了整个案子里面。

但是，玛丽不仅对自己的家庭状况和受虐经历只字不提，还表现得异常倔强和镇定，完全不像是一个 10 岁的孩子。她的父母在法庭上如同表演一样歇斯底里地哭闹着，玛丽却没有丝毫动容，只是一脸憎恶地注视着他们。这一切都被陪审团观察到了，他们实在难以对玛丽提起哪怕一点点同情，反而认为她是一个天生的恶魔。因为两名被告都是未成年人，所以陪审团中有一位经验丰富的儿童心理专家。这位专家得出的结论是：玛丽是一个聪明、倔强但是冷漠、复杂而且非常危险的孩子。

最终，罗拉的罪名不成立，被当庭释放；而玛丽则因谋杀罪名成立被判处终身监禁。虽然英国的终身监禁不同于美国，后者基本上一辈子都不会有出狱的希望，而前者则有着很大的弹性，可能会关押很久，也可能几年后就可以出狱了。但毕竟是被处以重刑，在宣判的那一刻，玛丽终于像个真正的小孩子那样哭了起来。

随后，玛丽被送往一个专门关押男性未成年罪犯的少管所。虽然硬件设施较好，教育素质也很高，但毕竟是一个关押男犯人的地方，玛丽在这里非常不方便，遗憾的是，法庭却一直没有做出更为妥善的安排。在少管所的几年里，玛丽的母亲倒是经常去看她，但带去的并不是温暖和关爱。母亲贝蒂每次都会抱怨玛丽的罪行令自己蒙羞，并不断怂恿玛丽写点东西来卖给杂志和报社换钱，她自己也时常兜售一些吸引眼球但与实情严重不符的消息给一些小报社。呜呼哀哉，女儿的锒铛入狱反倒为母亲贝蒂找到了一种新的骗钱方法。

1972 年，已满 15 岁的玛丽终于被转送到一所成人监狱。1977 年时，她曾经成功越狱，却在不久之后再次被抓了回去。直到 1980 年 5 月 14 日，23 岁的玛丽才得以假释出狱，此后就成了一个被监控的在家服刑犯，这种状况一直持续到 1992 年。此后，为了保护玛丽不受过去身份的影响，法院特许她改变身份隐姓埋名地生活。谁料，玛丽又在 1998 年出版了她的自传。

自传一经出版便引起了轩然大波，很多人都在指责玛丽竟然利用自己罪恶黑暗的故事来赚钱，就连当时的英国首相布莱尔都曾经公开指责过玛丽的厚颜无耻。玛丽却对此有着不同的意见，毕竟在她入狱后的十几年中，各种小报一直对她的故事津津乐道。她认为，或许当自己的事情变得不再神秘以后，才能够被大家渐渐遗忘。2004 年，法院进一步特许玛丽的孩子和孙子可以终生不透露姓名。尽管如此，改名换姓、时刻隐瞒过去的日子也实在是太难熬了。

在当年的审讯期间，著名的儿童心理学专家奥顿博士就曾经指出玛丽·贝尔是典型的病态精神病。因为家庭残缺，玛丽长期缺乏亲情与温暖，也缺乏正常的人际交流，这些都令她养成了极度冷漠的性格，不仅是对自己的父母，也是对所有人，甚至可以说是对所有生命的冷漠。在起诉期间，拘留室的一名守卫曾和玛丽有过短暂的交谈。玛丽说希望自己将来可以做一名护士，这样就可以把针头狠狠地刺进人们的身体。守卫觉得一个小女孩单独待在拘留室里也许会感到孤独，便特意送进去一只猫给玛丽做伴，但她却掐着猫的脖子反复虐待它。玛丽·贝尔在杀死马丁和拜恩以后，没有表现出一丝悔恨，甚至在东窗事发之时也没有露出一丝焦虑。就像那张纸条上所写的那样，杀死两个男孩对于玛丽·贝尔来说只是觉得有趣而已。

奥顿博士还谈道："两起谋杀都没有任何杀人动机，就像小孩子去踩死一只蚂蚁一样。杀死拜恩之后，玛丽并没有满足和停止杀人的想法，如果不是罪行被及时发现，或许多年后的玛丽会成为另一个震惊世界的变态杀人狂。"

【犯罪心理分析】

据统计，在未成年人犯罪中，女孩犯罪的数量要远远低于男孩，尤其是暴力犯罪，这一比例在 FBI 提供的数据中达到了 1∶9。其中更多见的是青少年犯罪，即年龄在 11 岁到 18 岁之间的未成年人犯罪。另外其中谋杀罪是最少的，性犯罪的比率远远高于谋杀。但在本案中，玛丽·贝尔很明显属于极少数的例外情况——她是个女孩，而且杀人的时候年仅10 岁。

社会学习理论家历来认为男孩和女孩的社会化过程是有区别的，虽然很难以性别来定义一个人是否更具有攻击性，但在常见的教育中，女孩一般都被要求不能表现出攻击性，而对于男孩则没有这种约束。比如家长们在发现自己的女儿太过活泼时，就会批评其不像个女孩子；而当面对男孩子们时，家长们往往会说小时候淘气长大有出息。这或许就是男性的暴力犯罪占更高比例的原因。照理说，玛丽·贝尔算是其中的一个异类，但是我们不能忘记这需要一个前提，就是她必须接受正常的社会教育。

玛丽·贝尔显然没有这方面的条件：一边是为了躲债和领取政府救济金而不能回家的父亲，一边是为了拉客而基本不在家的母亲，玛丽的社会教育有着难以弥补的缺失。所以她的成长可以说是完全放任自流，"长歪了"也是很正常的事情。心理学研究也表明，家庭存在问题的女孩更容易出现暴力倾向。

家庭教育缺失的孩子还会有一个常见的问题，那就是品行障碍，它有着两种不同范畴的解释：一种是指道德上的品行不端，比如盗窃、破坏公物、经常性说谎、逃学以及打架等，而且这种品行不端必须具有持久性，不能因为一次逃学或者打架行为就认为是品行障碍；另一种则是指反复性、持久性做出侵犯他人基本权利的行为模式，简单来说就是经常性地侵犯他人。

根据案例中的叙述，我们可以很轻松地判断出玛丽·贝尔属于品行障碍的范畴，同时她也会经常性地侵犯他人。遗憾的是，品行障碍者一生都会与社会环境存在人际冲突，甚至诱发各种违法行为。案例中的玛丽在被关押到管教所之后，经常与里面的男孩子发生冲突，在后来的越狱过程中还和一个男人发生了性关系。

很多人都认为智力和犯罪行为有关联，比如说智力高的孩子学习成绩肯定好，也就不会产生犯罪行为；而智力低的孩子因为学习不好，就会对学校以及社会产生厌恶感，从而引发犯罪行为。这种说法是没有科学依据的，未成年人的犯罪行为和智力有关，但并不能简单进行区分。
玛丽·贝尔应该属于智力偏高的一类孩子，如果在一个正常的家庭中长
大，玛丽会是一个比较调皮的好孩子和好学生。但由于家庭问题的存
在，智力高的孩子反而更容易关注到一些普通孩子们不会关注的问题。
比如说鄙视父母的种种行为，在法庭上贝尔夫妇的可笑表演换来的只有
玛丽的不屑和冷笑。

其实，智力高并不代表心理成熟，只是更容易接受一些信息而已，
一旦这些信息错误或者有误导作用，那么智力高的孩子反而更容易走向
邪路。玛丽从父母那里接收到的信息就是冷漠和不关心，所以她并不会
和其他孩子一样对更小的孩子产生关心和爱护的心理，反而会因为那些
在她看来显得非常幼稚的行为而产生厌恶心理。

玛丽在描述自己杀死拜恩的原因时有过这样的言论："拜恩没有母
亲，所以他死了不会有人伤心。"这句话可以体现很多问题。"没有母
亲"也可以解释成得不到母亲的关爱，"不会有人伤心"同时也就代表
着不会有人关心。这两种情况都符合玛丽自身的状况。或许在玛丽的心
中已经有很多对得不到家庭关怀的怨恨，当这种怨恨积累到一定程度的
时候，很容易产生"还不如死掉"的想法。而玛丽之所以杀死拜恩，很
可能就是这种想法的体现。

福田孝行：奸母杀女的冷酷杀手

　　法律的存在本就是为了维护公平和秩序，但在某些时候却又着实有些尴尬。比如当有人为祸一方，却总是小错不断、大罪不犯时，派出所也拿他没什么办法，只能关了又放，放了再关，这些人反倒习以为常了；但是，在某天这个"害人精"惹事的时候，被见义勇为者失手打死或者打残了，此时的见义勇为者反而需要面临法律的严厉制裁。

　　很多时候，审判似乎不能只依据实际造成的后果来裁定，于是西方才有了陪审团制度，但不可否认的是，陪审团制度同样有着自身的缺陷。在陪审团制度下的法庭里，同样是罪犯，为非作歹却善于表演者很可能会因得到同情而重罪轻判；而本性不坏但不善言辞或性格固执者却很可能因受到陪审团成员的厌恶而得不到应有的减刑。说到底，每个人都应当敬畏法律、信仰法律，而不应过分迷信法律，将其视为约束人们行为的唯一铁律。

　　1999 年 4 月 14 日晚，日本发生了一起轰动全国，甚至引起了司法改革的案件。家住山口县的本村洋先生下班回家，发现自家的门没有关上，而是虚掩着。心中感到不安的本村先生迅速走进家门，却没有看到妻子本村弥生和不满一周岁的女儿本村夕夏，按照平常的习惯，她们此时应该是待在家里的。家中显得非常凌乱，却不像是有贼闯入，倒像是有人打斗过的痕迹。更加担忧的本村先生一边呼喊着妻子的名字，一边开始在家里四处寻找。这时他发现平时用来放被褥的柜子门没有关紧，感到奇怪的本村先生一把打开柜子，却看到了几乎令人昏厥的一幕：柜子里面赫然是妻子半裸着、已经开始僵硬的尸体。

没有找到女儿本村夕夏，但本村先生还是立马报了警，他已经乱了方寸。警方到来之后却发现了令本村先生更加绝望的事实：仅仅 11 个月大的本村夕夏被塞在柜子的最上面一层，她的尸体被厚厚的塑料袋包裹着，所以本村先生最开始没有发现。

案件侦破的经过并不复杂，仅仅在本村先生的妻女遇害后的第四天，也就是 4 月 18 日，警方就逮捕了犯罪嫌疑人——一个名叫福田孝行的 18 岁少年，按照日本的法律，当时的他因未满 20 周岁还属于未成年人。福田孝行对于自己杀害本村弥生和本村夕夏的犯罪事实供认不讳。看起来似乎除了留给本村洋的心理创伤之外，案件很快就能结束。但事实恰好相反，随着庭审的展开，本案才正式拉开了序幕。

根据福田孝行的供述，4 月 14 日下午两点左右，他乔装成某公司的排水管道检查工顺利进入本村家。他的目的很明确，那就是趁着本村先生不在家的机会强奸被害人本村弥生。可是事情的进展并不顺利，因为本村弥生反抗非常激烈，所以福田孝行一把掐死了她。在本村弥生激烈反抗的时候，仅仅 11 个月大的本村夕夏被吓得哇哇大哭。在掐死本村弥生之后，福田孝行因为害怕本村夕夏没完没了的哭声引来邻居的注意，所以数次将本村夕夏举起来摔在地上。这始终没有办法阻止本村夕夏的啼哭，所以他索性把本村夕夏也一并勒死了。发现被害人已经死亡之后，行凶者并没有因为自己杀了人而惊慌逃走，而是将死者的双手和嘴巴用胶带绑住，并对死者进行了奸尸。

福田孝行供认不讳的作案经过让所有人都觉得震惊。因此，即使犯案者是未成年人，山口县少年法庭依旧决定将本案移交给地区检察署的成人法庭。法院似乎认为移交到成人法庭审理已经是对犯人最大的惩罚了，所以在庭审中，法院仍以福田孝行是未成年人为由为其进行辩护。

首先是在第一次开庭审议的时候，本村洋希望自己可以抱着妻女的遗照进去，他希望通过遗照让福田孝行明白自己到底做了什么。但是，他的要求被法官拒绝了，理由是法庭中出现被害人的遗照，很可能会影响到犯人的情绪，毕竟他还是个未成年人。本村洋当然不会认同这么离谱的理由，所以他不断地进行抗议，终于在后面几次庭审中得到了许可，却被要求用黑布将照片蒙住。

在庭审的过程中，同样发生了让人难以接受的事情。福田孝行的穿着非常随意，甚至连脚上的拖鞋都没有换下来。进入法庭之后他就像事不关己一样坐在那里，直到他的辩护律师对他示意之后，才站起来向本村洋鞠了一个躬，然后说："对不起，我做了无法原谅的事情。"仅此而已。但法官已经把这次道歉当成结案的一个重要依据，他们认为一句"对不起"就代表福田孝行有了认错的态度和悔改的意图，也就是我们经常听到的"认罪态度良好"。虽然福田孝行的认错态度是否真的"良好"仍被大部分人怀疑，但法庭依据未成年人的保护条例，默认了对福田孝行的判决要从轻，因此，一审的判决结果是无期徒刑。

事实上，除了美国一级谋杀罪成立之后的终身监禁不得假释之外，世界各国都不存在真正的无期徒刑。此时的福田孝行顶着未成年人的头衔，他的实际刑期甚至很可能不会超过 10 年。所以，看起来非常严重的"无期徒刑"实际上却是很轻的处罚。因此，在判决下达之后，福田孝行的辩护律师对着他的家人摆出了一个"胜利"的手势。

此后，判决结果引起了巨大的争议。一个罪犯在残忍地杀害了两个毫不相干的人之后，竟然得到了如此轻的判决。在广泛的议论背后，有两个人对此次审判的结果反应最为强烈。

其中一个是本村洋先生。他在听到判决之后就已经失控了，面对前来采访的记者，他的语气显得有些歇斯底里："现有的司法简直太令人绝望了，它竟然重点保护犯罪者的权益。不知道这样的司法置被害人的权益于何地，置被害人家属的权益于何地。与其这样，还不如让他无罪释放，我会亲手杀了他为我的家人讨回公道。"

另一个人则是本案的检察官。这位吉田检察官显然考虑问题更加深远。很多时候法官在判案时，都会以以前类似案件的判决作为基准，因此一旦本村洋认同了此次判决的结果，那么以后的同类案件都会被从轻判决。在吉田检察官看来，一个杀了人还要奸尸，并且可以将只有 11 个月大的婴儿生生勒死，然后冷静地裹好塑料袋藏起来的人，绝对不能仅仅因为一句毫无诚意的"对不起"，以及在法律上尚未成年的借口就被轻轻放过，这样一来，司法将失去最终的意义。所以他决定要将此案继续上诉，直到重新做出应有的判决为止。

当然，做到这一点的首要条件就是本村洋同意继续上诉。吉田知道这个过程可能会很艰难，起诉的过程甚至可能会长达数年乃至数十年，本村洋能不能一直坚持下去就是本案能否成功上诉的关键。于是，吉田特意给本村洋的上诉赋予了更多的含义，这不仅仅是为他的妻子和女儿讨回公道，更是为了能够成功引发日本的司法改革。"使命"两个字蓦然出现在本村洋的脑海中。两个目标一致的男人一拍即合，确立了目标之后就立刻开始分头工作。吉田负责继续上诉的申请和资料的搜集，而本村洋则负责让更多的人了解到他们要干什么，他们需要更多人的支持。

于是，吉田走向了领导的办公室，而本村洋则走进了各类热门新闻节目的录制现场。"使命"两个字也让本村洋冷静了下来，他不再愤怒地喊着要亲手杀了福田孝行，而是开始试着在电视节目中告诉整个社会自己的遭遇和主张，比如在此次庭审中受到的各种不公平待遇。

在当时日本的刑事诉讼法中，没有任何关于被害人以及被害人家属权益保护的条文，整个庭审过程中被害人家属只能坐在那里听审判的结果，似乎庭审只是国家和罪犯之间的事情，被害人的家属仅仅是一个围观者，甚至连见证者都算不上，因为他们不会有任何意见被采纳的机会，甚至都不会有发表意见的机会。就拿本村洋的案件来说，连带着被害人遗照的要求都被拒绝了，整个庭审的过程就是检察官试图定罪，被告人的辩护律师在想尽办法为自己的当事人脱罪而已。

本村洋认为国家独占了刑罚权，因此居于强势位置的国家（政府）裁决处于弱势地位的被告人（人民）时，会为处于弱势地位的被告人（人民）设定许多法规以保障被告人（人民）的权利。这本来是一个很好的制度，但是在这样的体系之中，原本同样属于弱势群体的被害人以及被害人家属却被完全排除在外。

经过媒体的大量报道，本村洋一案的详细情况以及本村洋的主张迅速传遍整个社会，大多数人都支持他的看法。很多事情在没有曝光之前很难得到处理，而一旦曝光之后就会处理得非常迅速，这件事情也同样如此。面对如此汹涌的民意，当时的日本首相小渊惠三很快给出了正面的回应："目前法律对于刑事案件当中的无辜被害人以及被害人家庭的保护显然是不够的，所以面对本村洋先生的诉求，政府不能视而不见。"

虽然小渊惠三在不久之后就因病去世，但他依旧推动了整个司法的改革：《犯罪被害人保护法》《改正刑事诉讼法》《改正检察审查会法》三项法律在他去世前已经被国会全数通过。这些法律规定了被害人家属的各项权利，比如说庭审当中需要专门留出时间来交由被害人家属陈述自己的意见；被害人家属的一些合理诉求必须给予满足，不能因为保护犯罪者的权益而对其区别对待。

与此同时，吉田检察官也已经将本案上诉到广岛高等法院，其申请的判决是对福田孝行执行死刑。但是和预期的一样，上诉被驳回了。2002年3月14日，广岛高等法院的决议是维持原判，理由依旧是原来的那一套："犯人只是个未成年人，思想尚未成熟，所以不能因为一时的犯错而断定他的将来。"同时，法院依旧在遵照原来的行事原则，对未成年人必须网开一面。二审维持原判是吉田检察官本来就预料到的事情，立法的出台和具体实施是截然不同的两个环节，想要让新出台的三项法律起到应有的作用，他还需要继续努力。不久之后，案件上诉到最高法院。

但是，少部分反对本村洋主张的人也开始活跃了起来。他们就是所谓的"人权卫士"，其目标是废除死刑。而本村洋一案恰好被他们当成了施展自己"抱负"的舞台，一幕幕拙劣的表演开始粉墨登场。这些人所担任的角色是辩护律师，本来福田孝行的辩护律师应该由国家提供，就因为这帮所谓的"人权卫士"的到来，福田孝行拥有了一个由20多人组成的超级民间律师团队。此等规模甚至连一些大公司的公关律师团队都无法达到。

具体说来，这支超级律师团队的"功劳"如下：

　　首先，在一审和二审时，被告人福田孝行对于自己的罪行供认不讳，而在犯罪过程及动机上也没有任何争议。但此时却被全盘否定，理由依旧是当时被告人未成年，不具备单独的受审能力。在超级律师团队拿出的新口供当中，被告人福田孝行当时对两名被害人本村弥生和本村夕夏完全没有杀人的动机。

　　然后，他们抛出了两个荒唐到极点，甚至令人感到幼稚的拙劣辩解。第一是入室强奸杀人被解释为寻求母爱，因为被告人福田孝行的母亲在此之前就已经自杀身亡了。而本村弥生之所以会被勒死，是因为福田孝行在抱她的时候过于激动，所以导致意外发生。第二是本村夕夏之所以会被勒死是因为她一直在哭闹，被告人想安慰她，所以给她系了个蝴蝶结。甚至还有一些荒唐到白痴都不会相信的理由，不知道这个超级律师团队是从哪儿来的信心，敢于提出这样荒唐的辩解。

　　就这样，两次凶残的谋杀被他们解释成了意外伤害致死。尽管律师团队的辩护极为拙劣，但也并不代表吉田和本村洋会赢，因为法官最有可能还是维持原判。不过，似乎历史把这次起诉选作了推动司法改革的契机，福田孝行亲自用行动证明了什么叫"不作死就不会死"。

　　在二审结束之后，福田孝行就已经非常清楚了，虽然是无期徒刑，但自己最多只需要坐七八年牢就可以出狱。所以，他极为得意地写信给他的朋友们，甚至写给一些仅仅只是和他有一面之缘的人，信件中充满了对本村一家的侮辱言论，并且对司法表示了极大的藐视。他写道："他们（指本村洋以及吉田检察官）根本就拿我无可奈何，等七八年之后我就可以出狱，到时候我们要举办一个盛大的庆祝会……不过就是一只公狗走在路上，恰巧碰到了一只漂亮的母狗，公狗自然就会对母狗做些什么……这样也有罪吗？"这些信件很快就被检方找到，并且取得收件人同意之后被带到了法庭之上。被告方的超级律师团队已经被检方和法官当成小丑一样地晾在了一边，现在唯一要做的就是驳倒前两次审判时法官的判决依据。

"被告未来仍然有无限的可能性，并且被告已经有了良好的认罪态度和悔改之意。"这是一审时法官得出的结论。但是，显然在超级律师团队的操作下，"良好的认罪态度"原形毕露，而所谓的"悔改之意"也被检方找到的信件所驳斥，二者放在一起显得非常刺眼。"我从未感觉到被告哪怕有一丝的悔过之意。"这是检方律师的最后一句发言。虽然被告方有超过20人的超级辩护团队在做"支援"，但检方和本村洋这里也聚集着4000多名在法庭外面进行声援的志愿者。

2008年4月22日，距离本村洋的家人遇害9年之后，最高法院做出了最终的判决：福田孝行的重大恶行罪名成立，被判处死刑。此时的福田孝行才开始到处表示自己会进行悔过，且不论其真假，判决已经下达，即便此时他真的认识到了自己的罪行，也已经于事无补了。

时至今日，日本其他类型的犯罪数量居高不下，但唯独杀人案件的总数在全世界都属于非常低的。正如得到最终判决之后，本村洋所说的那样：死刑的意义并不仅仅在于惩罚罪犯，更重要的是让罪犯明白自己的罪行和那种对生命的不尊重。虽然大部分死刑犯在执行死刑的时候都会感受到生命的珍贵，但是为时已晚，他们必须接受应有的惩罚。

【犯罪心理分析】

从福田孝行一案中，我们可以鲜明地看到两种对待生命的态度：一种是吉田检察官，他那种对于生命的敬畏与尊重，对于正义的孜孜以求，着实令人敬佩；而另一种是在福田孝行身上看到的，那是一副对生活失去热情、对生命漠不关心的虚无主义者的丑恶嘴脸。

在福田孝行杀人案中，被害人家属本村洋在得知残忍暴虐的杀人犯福田孝行可能仅需在监狱服刑七八年就会被释放时，曾满心绝望地说过这样的话："我对司法很绝望。原来司法保护的是罪犯的权益，司法重视的是罪犯的人权。被害人的人权在哪儿？被害人家属的权益在哪儿？如果司法的判决就是这样，那不如现在就把犯人放出来好了，我会亲手杀了他！"语气决绝，心态极端，但似乎可以理解，值得体谅。其实本村洋的这种复仇心态恰恰就是公正思想的一种体现。试想，倘若对于社会中存在的那些非正义行为不及时加以遏制和惩处，那么就会形成"破窗效应"，使相当一部分本来具有正义愿望的人灰心丧气，甚至可能转而开始效仿这种行为，从而诱发更多的非正义行为和社会犯罪。

同时，刑罚作为法律对违法者实施的一种强制处分和公众处罚方式，其存在的意义正是为了避免私人力量对犯罪者进行打击报复。一旦过分注重保护罪犯的权益而把死刑废除掉，那么，谋杀等重罪或许会更加肆无忌惮地在光天化日下上演，而私刑和私力报复也会屡禁不止甚至随之泛滥，这显然是每个人都不愿意看到的场面。当然，基于"公正论"下的死刑也是有其自身局限性的，因为这种论调过分强调了犯罪和刑罚两者的等同性，这样的思路就必然导致"异罪同罚"的扭曲乱象，这依旧是我们所不愿意看到的结局。

我们敬畏法律、信仰法律，却不应过分迷信法律。纵观本案，我们不至于因此而动摇自己对于法律这一约束人们行为的铁律的信仰，却也不得不叩问自己的内心，不得不引起我们对于死刑存废这一问题的思考。对于我们大部分人来说，在对待福田孝行这类犯了重罪的人时，首先想到的就是把他们关进监狱赎罪甚至处以极刑剥夺其生命，这样的结局似乎更能告慰被害人，更加大快人心，同时也令施暴者对自己犯下的罪行做了救赎，受了惩戒。仿佛唯有如此，才能以儆效尤，震慑世人，令其他对违法犯罪跃跃欲试的人们再也不敢越雷池半步。但这一切是否真的如常人所想，事情又是否真的会如此轻易和单纯呢？恐怕未必！

　　诚然，如福田孝行这样罪恶滔天又不知悔改的人，着实令人深恶痛绝，感觉唯有将其送上绞架才能凸显正义的力量，获得最终的胜利。但我们应该相信，对于任何一个心存良知的人而言，哪怕是极为偶然的一次作恶，都会在其心中留下难以磨灭的阴影，哪怕没有被判处死刑，道德和良知的谴责也会令他们终生背负一具沉重的十字架，日复一日地受着难挨的心理折磨；即使对于那些穷凶极恶的罪犯来说，死刑也未必就能达到我们期望看到的效果。

　　时至今日，随着社会的不断发展进步，社会公众道德观中的公正观以及刑罚观都会变得日趋理性，从某种程度上说，丰富的物质财富及民智的逐渐开化会促使更多的人重新开始认真思考生命的意义。因此，刑罚的严厉程度可能也会随之逐渐减轻，这大概也是人类文明进步的一种表现吧。由此，对于死刑存废这一长久以来争论不休的问题，或许也正如法国思想家孟德斯鸠所说的那样：当人们对失去安逸生活的恐惧大于失去生命，那么死刑就应该废除；而当人们对失去生命的恐惧大于失去安逸的生活，那么，就不应该废除死刑。

第三章
文明的冲突——文化信仰犯罪

信仰犯罪可以分为两种情况：一种是假借信仰之名犯罪，也就是利用人们的信仰，比如说借积德行善的名义进行诈骗；另一种则是基于自己的信仰实施的犯罪行为。罪犯通常并不认为自己的行为是错误的，这是信仰犯罪中最重要的类型。

引子：文化信仰与犯罪

在犯罪心理分析中有一个不可忽视的因素，即文化信仰背景因素。文化的冲突——不同社会文化的冲突、法律文化与道德文化的冲突等，尤其是信仰的分歧，包括宗教信仰、法律信仰、政治信仰，都可能成为犯罪的诱因并影响对罪行的惩罚。在这里，我们重点探讨一下信仰与犯罪的问题。所谓信仰犯罪，就是对于政治或者宗教信仰的错误认知甚至反社会信仰引起的犯罪行为。

不论是宗教信仰还是政治信仰，都在人们的日常生活中具有举足轻重的地位，甚至是很多人依赖的心灵家园，在一定程度上起着不可忽视的积极作用。费尔巴哈曾经说过："除了依赖感和依赖意识以外，我们就不能发现其他更适当、更广泛的宗教心理根源了。"大多数人都难以凭借自身来解决一切问题，当他们遇到困境的时候，就会理所当然地寻求精神上的帮助或安慰，信仰在这个时候就变得尤为重要。但也有一些人借信仰之名做出许多违法犯罪的事情，然后又试图以信仰来帮自己逃脱道德和法律的制裁，比如假借宗教之名进行的谋杀与诈骗等。

信仰犯罪可以分为两种情况：一种是假借信仰之名犯罪，也就是利用人们的信仰，比如说借积德行善的名义进行诈骗；另一种则是基于自己的信仰实施的犯罪行为。罪犯通常并不认为自己的行为是错误的，这是信仰犯罪中最重要的类型。

信仰犯罪一方面是由于对自我价值的片面追求，比如当一个人把传播信仰等同于自身的价值时，这就很可能会诱发他对不同信仰者的犯罪行为。同时，在宗教信仰中对世界的认知既有正面的也有负面的，一个人在抛弃了正面认知而只关注负面认知的时候，同样会产生犯罪行为，比如说过分注重宗教信仰中对世界的负面理解，就会产生诸如"活着就是在遭受苦难"之类的错误认知，所谓的邪教组织大多由此而生。

再有就是由某些错误信仰或者对信仰的错误理解引发的错误活动，也会引发一些犯罪行为。比如在我国传统的清明节祭祖活动中，通常都会焚烧一些"冥币"来表明自己的孝心，但在错误认知的驱使下，本来是尽孝的"烧纸"却变成了攀比的"放火"，使得清明节成了火灾的高发期，导致政府部门不得不用"禁止烧纸"的方式来减少火灾的发生。

一般来说，信仰犯罪主要包括危害国家安全犯罪、恐怖主义犯罪、邪教犯罪及封建迷信犯罪等。

乔治·雷诺德重婚案：对法律的挑战

世界上大多数合法的宗教在理念上虽然千差万别，但都有引人向善的教义，这与当今世界的主流文化并行不悖，甚至在一定程度上是相辅相成的，因此多数国家的宪法中都会有宗教信仰自由这一基本原则。针对不同宗教的不同习俗，法律还会给予适当的保护，以避免信教者与不信教者以及不同宗教的信仰者之间产生矛盾冲突。但也有一些宗教信仰者会理所当然地认为自己的信仰高于一切，为一些不切实际的违法行为寻找理念上的支撑，从而产生了诸多宗教信仰犯罪。

作为由基督教衍生出的诸多宗教团体之一，摩门教在美国其实并不怎么引人注意。它是美国犹他州的一个宗教团体，全称为"耶稣基督末日圣徒教"，创始人名叫约瑟夫·史密斯。19 世纪中叶，西进的摩门教徒经过长途跋涉最后选择定居于此。与传统基督教不同，在摩门教烦琐的教义中有这样一条规定：男人可以娶一个以上的女人作为妻子。而大多数美国民众都是传统的基督教徒，他们奉行一夫一妻制。但由于当时的联邦宪法还未制定有关一夫多妻和重婚罪之类的法律条文，所以人们并没有特别关注摩门教的这一教义。

这一状况一直持续到 1862 年，这一年的林肯政府颁布实施了《莫里尔反重婚法案》，该法案将一夫多妻制列为一种非法行为。但因为紧随其后爆发的南北战争，忙于内战的美国人根本无暇顾及摩门教这一条奇怪的教义已经触犯了法律。

内战结束之后，美国国会才开始重新关注这一问题。为了强化联邦法院在犹他州的权力，1874 年，美国国会用《普兰法》进一步强化了《莫里尔反重婚法案》。一般来说，在此之后，一夫多妻制就应该通过法律加以废除。但当时摩门教的首领布瑞厄姆却一心想着利用自己的教派信仰来使一夫多妻重新成为合法制度，甚至试图利用联邦宪法中关于宗教信仰自由的规定来挑战联邦政府的法令。

布瑞厄姆和他的顾问加农都是犹他州议会的议员，经过一番精心策划，两人试图通过一起案件用最高法院的审判来驳倒政府的法令。案件很简单，就是先在地方法院以重婚的罪名起诉一名男子，等法院判决这名男子有罪后再向最高法院上诉。他们坚信凭借宪法中关于宗教信仰自由的规定，最高法院一定会驳回地方法院的判决，然后他们就可以通过这起案件来推动一夫多妻制度的合法化。

随后，加农选择了一名忠实的摩门教徒——布瑞厄姆的助手乔治·雷诺德作为被告。乔治·雷诺德有两个妻子，分别是玛丽·安·图登海姆和艾米丽亚·简·斯科菲尔德。1874 年 10 月，地方政府以重婚罪起诉了乔治·雷诺德，但由于摩门教在犹他州由来已久，这次起诉甚至都没能成功立案便无疾而终。虽然联邦法律并没有强制摩门教改变自己的教义，甚至在一定程度上默许了已经成为事实的一夫多妻家庭，但这显然无法满足布瑞厄姆和加农的野心。

通过多方面的努力，联邦检察官再次以重婚罪对乔治·雷诺德提起诉讼。尽管在法院下达传票的时候艾米丽亚显得非常不配合，她并不愿意自己的家庭参与到这样一起案件当中。但在布瑞厄姆、加农以及乔治·雷诺德的努力下，检察官很容易就证明了乔治·雷诺德和两个女人生活在一起的事实。

1875 年 12 月 10 日，陪审团一致同意雷诺德犯有重婚罪，并判处其两年监禁以及 500 美元的罚款。得到这一满意结果后，布瑞厄姆和加农立即开始了下一步计划，那就是上诉，直到推翻原先的判决为止。但事情并没有向他们计划好的方向发展。

1876 年 7 月 6 日，犹他州地区高级法院宣布支持这一判决，乔治·雷诺德的重婚罪名依旧成立。但他们并没有气馁，乔治·雷诺德继续向美国最高法院提起上诉，他们的目标就是在这里获得胜利，然后寻找到推动一夫多妻制度合法化的契机。

1878 年 11 月 14 日至 15 日，这起轰动全美的重婚罪审判得到了很多人的关注。乔治·雷诺德的辩护律师试图在法庭上为他脱罪，并指出根据美国《宪法第一修正案》中关于宗教信仰自由的条文，作为摩门教的忠实信徒，雷诺德理应享有信仰自由，所以必须推翻雷诺德犯有重婚罪的判决。

颁布于 1791 年的美国《宪法第一修正案》明确规定："国会不得制定关于下列事项的法律：确立国教或禁止宗教活动自由；限制言论自由或出版自由，或剥夺人民和平集会和向政府请愿申冤的权利。"显然律师是在寻找法律的漏洞，试图通过钻空子的方式取得胜利。

但是，联邦法院在 1879 年 1 月 6 日做出了最终判决，维持乔治·雷诺德重婚罪案件的原判。就这样，乔治·雷诺德终于在教派首领和自身的"努力"下，把自己成功地送进了监狱。

此后，最高法院给出了维持原判的理由：《宪法第一修正案》确实保证公民的宗教信仰自由，但并不保护一夫多妻制度。因为基于美国历史的基本价值取向，一夫一妻制才是依法确立的婚姻制度，在美国境内生活的所有人都无权破坏这一基本原则。摩门教虽然有关于支持一夫多妻的教义，但很明显乔治·雷诺德等人错误地解读了这部分内容。教义中只是明确一个男人可以有一个以上的妻子，并不是说一个男人必须有两个或者更多的妻子，因此一夫一妻制度本身并不违反摩门教的教义。

【犯罪心理分析】

本案中的乔治·雷诺德就是宗教信仰犯罪的一个典型案例。其实，这次判决的重点并不在于一夫多妻制度的危害性以及一夫一妻制度的正确性，而应着眼于一个更深层次的问题，即宗教信仰自由并不是没有限制的，任何人都不能凭宗教信仰自由这一借口来为自己违反法律的行为辩护。仔细分析一下，乔治·雷诺德的行为非常切合宗教信仰犯罪者的心理及行为特点。

首先就心理特点而言，乔治·雷诺德的认知水平明显有失偏颇。当他开始信仰摩门教的时候，就已经把教义当成了自己唯一需要遵守的准则。正如心理学家所说："宗教信仰型罪犯在情绪上通常会表现出对其所信仰的理论、观点以及代表物的极度虔诚，甚至在一定程度上已经属于偏执状态，即使明知道违背常理，也会强迫自己坚持下去。"这其实类似于迷信宣传者们所讲的"心诚则灵"。为了表现自己对于信仰的虔诚，乔治·雷诺德甚至不惜"以身试法"，试图通过自己幻想中的罪名不成立来维护自己的教义，这已经是一种错误的解读了。

摩门教的教义当中确实有"男子可以娶一个以上的女人作为妻子"这一条，但最多可以证明摩门教并不反对一夫多妻制，可是不反对并不代表绝对要求。法律宣布一夫多妻属于违法行为，并没有违背宪法中所讲的宗教信仰自由，因为摩门教的教义也并没有强迫自己的教徒必须娶两个以上的妻子，所以是否要一夫多妻和对于信仰是否虔诚之间并没有必然的因果关系。因为理解得较为偏颇，乔治·雷诺德把自己对于信仰错误的理解当成了自己挑衅法律的资本，自然就会受到法律的制裁。

其次在行为特点方面，乔治·雷诺德也符合宗教信仰型犯罪的一般特征。每一种宗教都有属于自己的独特仪式和行为，但就信仰本身而言，这并不是一个追求特立独行的过程，所以是否行为怪异和对于信仰是否虔诚之间同样没有必然的因果关系。相较于美国最为普遍的基督教来说，不反对一夫多妻显然成为摩门教最与众不同的一个特点。乔治·雷诺德就是想通过这一与众不同之处来表现自己对于信仰的虔诚。

事实上，表现信仰虔诚的方式应该是去做自己所信仰的理念中要求自己去做的事情，而不是去做自己所信仰的理念中不反对的事情，是否要一夫多妻对于摩门教的信仰来说并不是一件举足轻重的大事。虽然法律没有权力干涉一个合法的宗教团体，令其修改自己的教义，但正常人都不会把一项显然不符合法律规定，并且极其不显眼的教义拿来坚决贯彻执行。

所谓宗教信仰自由的定义应该建立在不违背基本法律的基础上，而乔治·雷诺德的情况显然不在这一范畴之内。他的信仰并没有强迫他娶多个妻子，所以准确来讲，他的教义并没有违反法律，只是不反对一件违反法律的事情。因此，乔治·雷诺德无论是从信仰还是法律的角度，都没有任何理由去挑衅权威，坚持要做违法的行为。

卓别林驱逐案：联邦调查局的污点

信仰犯罪中有一条叫政治信仰犯罪，这是几乎每时每刻都存在的一种犯罪行为，换言之，只要政治存在，政治信仰犯罪就永远不会停止。客观来讲，政治信仰犯罪与每个历史时期的国际大环境和每个国家内部的政治文化意识形态密切相关。也就是说，在这一阶段的政治信仰犯罪，或许在下一阶段就不再属于犯罪行为；而原本不属于犯罪的行为，也可能因为政治意识形态的改变成为犯罪行为。

目前，大多数政治信仰犯罪的主因来自犯罪者的主观因素。大体上可以将其分成两类：其中一类是具有较高文化水平的"知识分子"，他们会根据自己的智能水平来构建属于自己的"伪公平"和"伪正义"，试图让自己凌驾于整个社会制度体系之上；或者试图让他们自己所认为最"公平、正义"的社会体系来代替现有的社会体系。而他们之所以会犯罪，就是因为完全以自我为中心，忽略了整个社会的真实状况。这类信仰犯罪者的数量较少。另一类则是为了追求经济利益及腐朽的寄生生活方式而犯罪，严格来说，他们并没有真正的政治信仰，只是打着同样的幌子来为自己谋取私利。就如同经常发表反社会制度言论的一些人，一方面他们可能受雇于国家内部真正的信仰犯罪者或者国家外部的敌对势力，另一方面也可能是故意发表类似的言论，希望通过自己的社会影响力使得某些特殊的社会团体雇用自己，或者掏出钱来让自己息事宁人。

FBI，全称为美国联邦调查局，隶属于美国司法部，是美国最大的打击犯罪机构，可以说有过赫赫战功，但建立之初的联邦调查局却和后来打击犯罪的模范形象截然不同。

"肥裤子、高帽子、小胡子、大鞋子，再加上一根从不离身的拐杖"，这样的描述一出现，很多人都会想到 20 世纪最著名的表演艺术家查理·卓别林。即便在中国，卓别林也是一个家喻户晓的人物。在无声电影的年代，卓别林就是当之无愧的王者，是一位世界级的喜剧大师。

20 世纪初，世界性的经济危机导致了全球的经济萧条，而当时的发展新秀美国也未能幸免地被席卷其中，整个国内经济低迷，失业率直线攀升，普通劳动阶层的收入水平极速下降。伴随着收入降低的却是物价的暴涨，在此消彼长之下人们的生活水平不断下跌，对于国家的不满情绪也日益高涨，于是工人阶层的罢工运动此起彼伏。恰逢此时，卓别林横空出世，通过对社会底层人民的思想性演绎以及滑稽的舞台表现，迅速吸引了大批拥护者，在极短的时间内成为一个家喻户晓的美国明星。

公正地说，卓别林的表演使得在经济危机中几乎被击垮的美国普通民众首先从心情上得到了平复。然而，这位在舞台上滑稽地挥舞着文明杖，迈着刻意而搞笑的八字步，为普通民众带来无限欢笑的大明星，同时也被其他一些群体密切关注着。首先是美国的左翼知识分子，他们认为卓别林代表了广大劳动人民的心声，于是把他当作了榜样式的人物。这对于左翼人士是好事，也就意味着在右翼人士眼中成了灾难。在那个特定的年代，无产阶级运动和共产党对于美国统治阶层来说就如洪水猛兽一般。于是，卓别林就开始被殃及池鱼了。

虽然 FBI 的职责范围是肃清全美的犯罪行为，但查办威胁国家安全类的犯罪也是他们工作中最重要的一部分。因此，FBI 针对卓别林的调查和监视也随着其名声的日益高涨而徐徐展开。

1922 年，联邦调查局对于卓别林有记载的调查就始于这一年。调查局派出数名特工到卓别林的电影工厂当卧底，每天观察他的一言一行，试图发现其和共产主义者的联系。不久之后，这些监视内容就以报告的形式被递送到了当时的联邦调查局局长伯尔恩斯的办公桌上。报告中出现了美国政府最害怕的东西。根据卧底们的观察，卓别林的电影工厂里有着大量的"布尔什维克"，这些"电影界的激进分子"最喜欢讨论的主题就是"如何在电影中宣传革命教育和工人运动"。

这份原本不太可信的报告在伯尔恩斯这里却有了更加扭曲的解释："宣传工人运动"被解读成"为共产主义做宣传"。所以，伯尔恩斯以"电影宣传共产主义会对本国民众的思想造成影响，进而影响国家安全"为由，对卓别林开始了更加严密的监控。为了有充足的理由证明他们的推断，调查员们罗列了大量的关于电影思潮的资料，通过电影界出现过的各种激进活动来佐证自己的观点。

不久之后，对于卓别林来说更加倒霉的事情发生了。在联邦调查局担任重要职位，同时也是未来第二任联邦调查局局长候选人的胡佛也把目光集中到了卓别林身上。很显然，如果能够坐实卓别林的罪名，那么这对于胡佛来讲就是一项非常有力的政治资本。即便胡佛自己没有野心，他的职责也会促使其开展之后的各种行动。被前后两任联邦调查局局长密切关注，这样的待遇对于一个喜剧大师来说实在是有些"受宠若惊"。于是，在胡佛的努力促成之下，本来就已经相当严密的监控再次提升了一个等级，估计就连卓别林上厕所的时候隔壁都会蹲着一个调查局派来的特工。

经过深入而严密的调查，一则令他们兴奋的消息被送到了伯尔恩斯的办公桌上，有消息称卓别林匿名向美国共产党捐了 1000 美元的政治献金。如果这则消息能够被证实，那么他们就能以此事大做文章，甚至可以抓捕卓别林。为此，伯尔恩斯特批了大量的资源进行调查，结果忙碌了几年之后依旧一无所获，没有任何证据可以证明捐款人就是卓别林。

按照常理，经过长时间的监控却没有发现丝毫有用的信息，联邦调查局应该放弃对卓别林的监控才对，至少也应该放松一下，但事实恰恰相反。在卓别林的表演事业如日中天的时候，胡佛就任了联邦调查局局长。此时的联邦调查局开始遭受大量的非难，因为其直属于联邦政府，所以州政府和州警局显然不愿意凭空出现这样一个"顶头上司"来分割自己的权力。再加上此时的联邦调查局还不像后来在打击犯罪方面战功赫赫，而是自成立以来似乎就已经沦为了政治斗争的工具，对于打击犯罪没有丝毫建树，甚至已经有人开始建议解散联邦调查局了。即便面临如此困境，他们对于卓别林的监控依旧没有丝毫放松。胡佛对于卓别林的态度执着得让人难以理解。

此后事情的发展更让人有些哭笑不得，信奉"精诚所至，金石为开"的联邦调查局闹了好大的一场乌龙戏。1941 年 6 月，派去监视卓别林的特工再次找到了卓别林的"罪行"——卓别林曾经的一个仆人布莱克被认为是日本间谍。布莱克跟随卓别林的时间长达 20 年之久，两人的关系非常密切，如果坐实了他的间谍罪名，那么胡佛就有足够的理由将这把火烧到卓别林的身上。联邦调查局对外公布了布莱克的罪行：协助日本情报组织了解美国重要的海军基地以及沿海的各种军事设施和发电站的位置。逮捕布莱克的新闻甚至登上了报纸的头条，当然这其中不乏联邦调查局炫耀功劳的成分，毕竟一直以来他们可以说是毫无建树。

然而，接下来事情的发展出现了令人啼笑皆非的转折，就在联邦调查局试图通过审讯进一步坐实布莱克罪名的时候，来自上级的消息让所有人目瞪口呆：布莱克是美国海军情报处的卧底线人，他的被捕直接导致了海军情报处的一系列计划破产，他们竟然把自己派到敌对势力中的卧底抓了回来……

虽然联邦调查局一直没有找到任何可以证明卓别林"有罪"的证据，但胡佛就是对他"情有独钟"，大有"咬定青山不放松"的气魄。1942年12月，日本偷袭珍珠港成功，全美上下群情激愤，美国政府趁势对日宣战。出于对法西斯的痛恨，出于一个知名人士的爱国宣传义务，卓别林参加了大量的公共活动。这本来是无可厚非的一件事，却被胡佛看作是抓住卓别林"罪行"的良机。长达数千页的调查报告中甚至包含了卓别林说过的每一句话，以及卓别林每一次的公开言论。事实证明卓别林是无懈可击的，甚至该案的调查员们也开始相信卓别林是无罪的。可惜此时的胡佛已经对卓别林"难以自拔"了，他不愿承认自己认为"有罪"的卓别林其实是完美无瑕的，即便不能给其定罪，他也要将卓别林驱逐出美国去。

经过漫长的调查，机会终于在1943年来临。卓别林曾经和自己旗下的一名签约演员产生过感情，但由于这个名叫琼·巴里的女演员的生活作风非常不检点，所以卓别林单方终止了这段感情，并且解除了合约。

然而琼·巴里却不愿意就此离去，她希望可以从卓别林那里得到大笔的金钱。愿望落空之后，这个女人又有了新的主意，她假称怀了卓别林的孩子，并将卓别林告上了法庭。

这本来就是一起诬告案，后来的法庭鉴定和调查也证明了卓别林的清白。但"恰逢良机"的胡佛又怎会让机会白白溜走，于是在调查局的支持下，大量关于卓别林的负面新闻充斥在所有的媒体上。美国的右翼组织也参与其中，开始进行大量打压卓别林的活动，试图在各个方面孤立卓别林一家。讽刺的是，即便是美国司法部，也只能在卓别林自己离开美国后趁机驱逐他。

1952年9月17日，卓别林一家乘坐"伊丽莎白女王号"前往伦敦参加《舞台生涯》的全球首映式。在卓别林离开美国两天后，美国司法部趁机宣布卓别林的入境签证已经被取消，并且永远不会再被签署。因为尽管卓别林一直在美国发展，但他始终保留着自己的英国国籍。

无法回到美国的卓别林在瑞士度过了自己的余生，直到1972年，通过奥斯卡颁奖典礼的邀请，卓别林才有了重回美国的短暂经历。时隔20年之久，联邦调查局依旧强烈反对卓别林入境。虽然他们的意见最终没有被采纳，但卓别林还是得在参加完典礼之后迅速离开美国。

【犯罪心理分析】

在本案中，通过联邦调查局30余年如影随形的深入调查，我们似乎反而更能看清一点——世界级的喜剧大师查理·卓别林并非美国联邦调查局所怀疑的那种政治信仰型罪犯。具有讽刺意味的是，几十年的追查下来，唯一的结果却是证明了卓别林的清白。诸多事实证明，这位 20 世纪最著名的表演艺术家是无懈可击的，就连该案的调查员们也开始相信卓别林是无罪的，旷日持久的跟踪调查似乎最终以一幕闹剧草草收场。但在现实生活中，封建迷信犯罪、邪教犯罪之类的信仰型犯罪却可谓屡见不鲜、不胜枚举，本案中涉及的政治信仰犯罪更是几乎无时无刻不存在于我们的身边。

所谓信仰，往往带有强烈的感情色彩，是指对于某种主义、主张、宗教极度尊崇，并把它信奉为自己的行为准则。而信仰犯罪，就是指由对于政治或宗教信仰的错误认知而引起的犯罪行为。就客观来讲，政治信仰犯罪与意识形态密切相关，只要政治存在，政治信仰犯罪就永不会停止。

而目前，大多数的政治信仰犯罪主要表现出如下心理特征：一是具有强烈的反动政治需要和精神需要，关心国内外形势并发表见解，毫不动摇地传播自己的反动观点，并且逐渐由政治需要转为经济需要、由精神需要转为物质需要、由理想需要转为实际需要，作为一种对于代偿性满足的追求。他们往往还拥有对文化生活的需要和读书写作的爱好。二是具有明显的情感和意志特征，情感执着，倾向明显，意志顽固，自负却也无怨无悔，凭借"以偏概全"的片面认识对时局进行抨击。三是独立型、支配型性格，双重人格突出，大多有着自己的独立见解，不随波逐流。四是智力和文化水平较高，会根据自己的智能水平来构建属于某些人的"伪公平"和"伪正义"。

究其主观因素，正是因为犯罪者完全以自我为中心，属于个人的意识行为，过于坚信某些东西或者事物，将此拿来作为自己的行动指南或人生榜样，从而过分理想主义，忽视了整个社会的客观条件与真实状况。当然，还有相当一部分犯罪者只是出于内心的贪婪，为了追求经济利益以享受腐朽的寄生生活，找一个冠冕堂皇的理由，打着政治信仰的幌子来为自己谋取私利，甚至不惜实施危害国家安全、恐怖主义等一系列犯罪行为。

其实，人类意识的可贵之处，就在于对自身缺陷有清醒而客观的认识，因此，信仰无疑是必要而有益的。它不但可以提升人们的道德境界，赋予人们自律的本性和意义，还能为道德行为提供动力，替自身确立价值目标。但是，作为人们的精神支柱和道德选择的基本坐标，信仰必须要不断得以修正，增强人们生活的信念，成为一盏指路明灯，照亮正确的前进方向。

赵承熙：冷酷的校园杀手

2015 年 10 月 1 日上午，美国俄勒冈州一个偏远的社区学校里传出了阵阵枪响，开枪者是一名 20 多岁的年轻男子。据统计，这次枪击事件共造成 13 人死亡，并有多人受伤。消息一经媒体报道，顿时震惊了整个美国，或谴责或惋惜的各种言论不绝于耳。时任总统奥巴马不得不公开讲话表示"沉痛的哀悼"，同时再次呼吁美国民众禁枪。一涉及禁枪的话题，群情激愤的美国民众立刻不约而同地集体变身路人甲："持枪是宪法规定的，谁也没有权力剥夺。"显然在这样一个最具有"人道主义"的国家，个人利益似乎总是高于一切的。其实，在美国，类似的涉枪犯罪可以说是屡见不鲜。

时间：2007 年 4 月 16 日

地点：美国弗吉尼亚理工大学诺里斯教学楼

上午 9 点 45 分，206 教室里，一位教授正在上课。这时候，教室的门突然被推开了，一个学生模样的男子向里面张望着。大概没有哪个教授会喜欢这种突然打断自己上课的没礼貌的学生，但他只来得及看了一眼，还没等张口说话，就被这个"不礼貌的学生"手中的枪击穿了身体。打死教授之后，凶手又开始朝正在上课的学生们胡乱开枪，教室里顿时乱作一团。

枪声响起的同时也惊动了周围其他教室里面的人。在 205 教室上课的是一位名叫程海燕的华裔女助教，她走出教室时刚好看见一名男子拿着枪向他们的教室走来，于是急忙回到教室里关上了门，并且招呼几名坐在前面的男生一起帮忙把门死死地顶住。凶手走到 205 教室门口后试图把门撞开，但是没有成功，只好隔着门朝里面开了几枪，万幸的是没有人被击中。

在尝试未果的情况下，凶手换了一个弹夹，继续走向其他教室。凶手的离开对于躲在 205 教室里的人来说无疑是一件幸运的事，但对于其他教室的人依旧是一场灾难，他们没能将这个疯狂的杀人者堵在门外。然而对于华裔女助教程海燕来说，暂时逃过性命之忧的她又开始担心另一件事，因为她清楚地看到了开枪者的脸，那是一张纯正的东方面孔。

除了换弹夹的短暂几秒间隙之外，砰砰的枪声一直没有停歇，牵动着教学楼里每个人的心。不是人们想不到逃出教学楼，而是事实上这栋大楼的三个出口都已经被铁链锁死，连闻讯赶来的警察也被堵在了门外。从附近医院赶来的救护车上，医护人员正在焦急地等待着，不少学生已经开始从二楼的窗口跳下去逃生。

5 分钟后，警察终于打开了教学楼的大门，此时距离凶手第一次开枪已经过去足足 9 分钟的时间，枪声依然不停地响着。冲进大楼的一部分警员们迅速将伤者抬到外面的救护车上去，而另一部分人则开始一间一间教室地搜寻，他们要尽快找到那个开枪的人。不久之后，警员们在 211 教室门口找到了已经开枪自杀的凶手，子弹从脑后打入，整张脸面目全非。

9 分钟，170 多发子弹，这次枪击案共造成了 33 人死亡，可谓是美国有史以来伤亡人数最多的校园枪击案。令华裔女助教程海燕担心的事情发生了，《芝加哥太阳报》在案发几个小时后发表了一篇报道：凶手是中国人，男，24 岁，2006 年 7 月 8 日来到美国。随后，亚裔、中国人、枪击案、死亡人数最多等关键词成了社会公众最关注的消息，一时间各大网站迅速转载了这篇报道。但这篇报道很快便消失得无影无踪，原来急于抢头条的媒体闹了个大乌龙，凶手根本不是中国人。警方出来辟谣并通报，开枪者是一名韩国留学生。

媒体的尴尬暂且不提，令警方尴尬的反而是另一件事——这里并不是枪击案的起始点。在诺里斯教学楼枪击案发生的几个小时之前，也就是当天早上的 7 点 15 分，距离诺里斯教学楼 3 公里之外的一栋新生公寓里，大一女生艾米丽·西斯勒和大四男生雷恩·克拉克被毫无征兆地枪杀了。

当时接到报警电话的警察初步将案件判定为情杀，认为这是一起独立案件，只是封锁了宿舍楼，并没有在整个学校里展开搜索。于是，凶手便利用这个空当跑到了几公里之外的诺里斯教学楼里大开杀戒。这里离案发现场足够远，警方一时间不会搜索到这里，这使得他有了充足的时间展开第二次屠杀。将近两个半小时之后，一直毫无线索的警方在接到诺里斯教学楼有人开枪的报警电话之后，才恍然大悟，原来这并不是一起简单的情杀案。

此后，凶手的身份信息被逐渐披露出来：赵承熙，韩国人，出生于 1984 年 1 月 18 日，拥有美国的永久居住权。美国移民部门的记录显示，他是在 1992 年 9 月 2 日来到美国的，凶杀案发生之前正就读于弗吉尼亚理工大学的英语专业，是一名大四的学生。

　　由于并没有留下任何案发当时的视频资料，案发现场附近的人们也只能听到震耳欲聋的枪声和人们凄惨的尖叫声，所以警方只能试着从目击者的口中还原当时的情况。在目击者凌乱的叙述中，警方找到了一个共同点，那就是在整个行凶过程中凶手一直都非常冷静，冷静地杀人，冷静地换弹夹，然后继续冷静地杀人。整个过程中没有表现出任何一丝其他的情绪，这是一场蓄意的谋杀。

　　此时待在郊区家中的赵承熙父母还不知道儿子的情况，他们只是从电视上看到了有关枪击案的新闻报道。正当赵承熙的父亲经不住妻子的催促打算去学校看一下的时候，警察已经叩响了他家的房门。赵承熙的母亲在看到警察出现后变得有些歇斯底里，因为她意识到儿子肯定出事了。果不其然，警方在确认两人是赵承熙的父母之后，就把他的死讯告诉了他们。然而更加令两人没有想到的是，警察并没有说节哀之类的安慰话语，而是在停顿了一下之后告诉他们，这起案件的凶手正是他们的儿子赵承熙。

　　赵承熙一家是属于那种做着"美国梦"的移民者，经济状况一直不太富裕。赵承熙是家里唯一的男孩子，学习成绩很好，家里人一直对其寄予厚望。他的父亲在听到真相之后一时难以承受，直接休克并被送往医院。很难想象，究竟是什么样的仇恨才使得赵承熙这样大开杀戒。

　　随着一系列资料的公布，整个案件的详细内情浮出水面。4月18日下午6点30分，美国五大电视网之一的NBC电视台在晚间新闻中公开了一段视频和一部分照片，这是枪击案凶手赵承熙在前往诺里斯教学楼杀人之前寄出的，由于出现了信息填写错误，本应17日到达NBC纽约总部的邮件在18日才送达。赵承熙寄出的包裹里包括一份长达1800字的书面声明、一部 30 分钟的录像以及 43 张照片。

在电视台公布的视频中，赵承熙身穿登山坎肩，双手各持一支手枪，瞄准摄像头做出威胁的表情。其中的一句话证明他杀人是有预谋的："时间到了，今天就做，是你们让我流血，把我逼进死胡同的，我别无选择。"视频和照片的背景均为室内或汽车里，根据赵承熙室友的辨认，以室内为背景的那部分照片应该是在他们宿舍的客厅里拍摄的。

而在将近两千字的声明当中，赵承熙并没有提及自己要血洗弗吉尼亚理工大学的事，却提到要效仿两个人——埃里克·哈里斯以及迪兰·克里波特。这两个人是 8 年前科罗拉多州科伦拜高中枪击案的制造者，他们一共造成了 13 死 25 伤，并且在作案后饮弹自尽。赵承熙的行为完全是在模仿这两个人，可惜这份声明直到枪击案发生的第三天才被公之于众。可是，赵承熙为什么会对自己的同学有这么大的仇恨呢？

赵承熙一家在移民之前，一直住在首尔的贫民区，生活得非常艰难。或许是因为多年努力下来生活依旧不见起色，所以怀揣着"美国梦"的一家人便决定移民到美国闯荡一下试试，这时的赵承熙刚读小学三年级。初到美国时，赵承熙一家住在华盛顿郊区，他的父母经营着一家干洗店。在这一带大约有两千多家干洗店，超过九成都是韩国人经营的，大概因为这是最不需要技术和英语水平，而且投资成本也最低的一种谋生方式了吧。在这样窘困的生活下，原本就比较内向的赵承熙变得更加孤僻了。

在美国的移民家庭中往往存在着一个相同的问题，孩子在学校属于少数族裔，因此很难找到认同感，也很容易被一些身材高大的当地孩子们欺负。最重要的是，他们很容易被冠以一些带有种族特性的外号，其中不乏一些侮辱性的词汇。赵承熙的学习成绩很好，好学生一般都会有一些自傲，但他的自傲在这些身材高大、家境富有的孩子当中一点都不起作用，因此他只能默默地忍受一切。没有人告诉他应该怎么去做，所以他变得越来越懦弱，而懦弱又会招来更多的欺负。当然很多时候这些行为并不是抱有恶意的，只是同龄人之间的玩笑，但年幼的小孩子并不能准确地分辨这些。一来二去就成了一种恶性循环，赵承熙开始自闭起来。

整个中学时代，赵承熙都显得非常不合群，出于自我保护，他拒绝了所有人的靠近，甚至连上课的时候也总是低着头。学习一门语言，多说多练无疑是非常重要的，但沉默寡言的赵承熙从来不愿开口朗读，所以他的英语中总是带有浓浓的韩国口音，这种奇怪的发音也招来了很多同学的嘲笑。

上大学时，赵承熙一家搬到了弗吉尼亚州的郊区，这里有一处新兴的在美韩国人聚居地。但赵承熙并没有因此而变得开朗起来，反而更加孤僻了，依旧一个人独来独往。也有同学喊他一起去唱歌，但到了KTV之后他只是一个人喝闷酒，谁也不理。在日常上下课的时候碰上熟人，他也始终对别人热情的招呼视而不见。就这样，一个人吃饭，一个人行走，干什么都是一个人，他甚至还给自己幻想出了一个虚拟的女朋友。可想而知，他的内心世界渐渐由孤独变得更加阴冷，并且一直在这样的内心世界里对自己进行着折磨。

2005年下半学期，赵承熙选修了一门诗歌课，却总是戴着帽子和墨镜坐在教室最后一排听课。导师尼基·乔瓦尼教授曾数次要求他摘掉帽子和眼镜上课，但赵承熙均未理会，而在他提交的作业当中也总是谈及一些关于死亡的话题。人们原本只是以为他有些孤僻和怪异，但渐渐地，一些女生开始反映他总是在上课时偷拍女生的裙底，同时，他古怪的打扮又使得她们非常害怕，以至于很多女生都不敢来上课了。迫不得已，尼基·乔瓦尼教授只能让赵承熙离开课堂。

很多老师都发现了赵承熙的异常，但因为他没有表现出任何暴力倾向，所以学校无法给他提供强制性治疗，他也拒绝配合老师们的帮助和辅导。年底时，赵承熙曾骚扰过一位女生，但没有被起诉。后来，他又告诉舍友自己想要自杀，但在被送去治疗中心的第二天，却被医生判定只有轻度的抑郁症而再次被送回学校。之后，他保持了很长一段时间的"正常状况"，说是正常，其实也只是恢复到以前的那种"独行"生活而已。

2006年的下半学期，赵承熙再次表现异常。他的写作课作业是两部剧本，《理查德·麦克比夫》和《布朗斯通先生》，据他的导师描述，里面充满了"病态的抑郁和一些诡异的色彩"，充斥着大量的关于"流血""死亡"以及"凶杀"的描写。与此同时，赵承熙还写了大量关于死亡的文章，一位写作班同学甚至这样评价他：能写出这样作品的人，将来很可能会拿起机枪在教室里面扫射。

而在一份精神诊断报告中也有着明显的证据，上面写着赵承熙现在的精神状况很有可能对自己或他人造成威胁，并且直到赵承熙杀人的那天早上，根据室友的描述，他依旧在吃着心理医生给他开的药。

这样一个病人本应得到更多的关注才对，但由于他拒绝交流以及同学们对他的恐惧，没有人愿意理会他的异常，所有人都对其报以一种冷漠的态度。同时，因为赵承熙的所有行为都不能证明他具有暴力倾向，所以学校认为没有理由对其进行强制性治疗，那份精神诊断报告也因此被弃如敝屣。

与外表的平静不同，赵承熙的内心已经被自己所构建的那个阴冷扭曲的世界折磨得几欲疯狂，他的理性已经快要到达临界点了。在寄给 NBC 的视频当中，赵承熙像是在读着某种宣言："你让我痛苦，自己却很快乐，为了你的快乐，我就像脑袋里长了癌一样痛苦，心脏四分五裂，到现在还在撕咬我的灵魂。"他对富人也充满了憎恨："你们拥有了想要的任何东西，你们的奔驰汽车还不够吗？你们的金项链还不够吗？你们的信托基金还不够吗？你们的伏特加和白兰地还不够吗？所有的奢侈和糜烂都是不够的，都难以满足你们的享乐主义。"

在美国，公民可以利用合法手段每个月购买一把枪。于是，赵承熙在 2007 年的 2 月 9 日和 3 月 13 日分别购买了两把手枪，其中一把适合练习使用，而另一把则是美国青少年犯罪团伙最喜欢使用的型号。准备妥当之后，他便开始在一家射击俱乐部里练习枪法。

4 月 16 日早上 5 点，赵承熙像往常一样起床，洗漱，然后出门。没有人知道他为什么会专门绕道杀死艾米丽·西斯勒，她的寝室并不在楼梯附近，这成为本案难以破解的一个疑点。监控视频显示，9 点 01 分，赵承熙出现在布莱克斯堡邮局，然后将一个邮包寄给 NBC 电视台的纽约总部。他并没有在快递单上写自己的名字，而是写着"Ishmael"，这个单词在英文中的意思是"被遗弃的人"。接下来就是 9 点 45 分，诺里斯教学楼中致命的枪声连续不断地响起……

【犯罪心理分析】

造成赵承熙校园枪击案的诱因有很多,除却他个人的心理问题之外,还有一个重要的原因就是"盲目模仿效应",也被称为"传染效应"。

模仿几乎是每个人与生俱来的本能,比方说小孩子就喜欢模仿一些电视节目当中的行为,几个小孩在路上玩闹的时候,其中一个会一边比画一边喊着"龟派气功",另一个则会大声吼道"降龙十八掌"。事实上,这种模仿行为不仅存在于小孩子身上,成年人也不例外。当一些人开始模仿自己认为不错的行为时,"传染效应"实际上已经开始了。

在赵承熙案中,一直以来,他在学校里都很难合群,并渐渐从小时候的孤僻发展成了后来的自闭和精神分裂。当他对整个社会产生不信任感之后,他就会对所有人抱有最恶意的揣测,简单来说就是"被迫害妄想症"。我们在日常生活中经常会见到这类人,一些本来无伤大雅的玩笑会被他们认为是人身攻击。当赵承熙觉得整个社会都对自己充满恶意的时候,他的报复目标就转移到了整个社会,而他最有可能下手的目标就是自己最熟悉的群体。这也是在很多类似于赵承熙案的案件中,被害人多是罪犯身边关系比较近的人的原因。

当赵承熙选择报复的时候,"传染效应"的作用就体现出来了。不仅是他的两部话剧作品和一些文章,如果有人很早就开始关注他的话,会发现他对其他校园犯罪事件很感兴趣。在他寄给媒体的声明书里曾明确提到自己要模仿埃里克·哈里斯及迪兰·克里波特,很显然他是在知道了科罗拉多州校园枪击案之后才产生了做出同样行为的念头。

随着互联网的蓬勃发展,各种枪击新闻和消息总是如同病毒炸弹一般随时在我们身边爆炸。每个人都会在不知不觉中受到这些信息的影响。最可怕的是，这种影响并不是剧烈而直接的，而是潜移默化地改变着人们的思维和行事方式，甚至连我们自己都不知道已经受到了影响。对于有能力判断是非的人来说，他们受到的影响是有限的，但对于没有判断能力或者判断能力不足的人来说，这就很有可能造就一个病态的杀人狂。

类似于赵承熙的罪犯有很多，崇拜他们的人竟然也有很多，尤其是一部分青少年。他们在对赵承熙的过往有过一知半解之后就会自动地为自己的"英雄"进行美化，这造成的结果就是他们会更加崇拜自己的"偶像"，甚至把那些想象中的经历代入自己的现实生活当中。此后，即使遇到一个微不足道的挫折，也可能会被放大到"被整个社会遗弃"的程度，其造成的危害自然不言而喻。

据媒体的不完全统计，2015 年全年，美国共发生了将近 360 起枪击事件，几乎平均每天发生一起，其中包括至少 45 起校园枪击案，幸运的是，大多数并没有造成人员死亡。虽然持有枪支并不能成为校园枪击案发生的决定性因素，比如说在同样允许普通民众持枪的国家中，枪支管理更为严格的比利时与更为松散的泰国，比利时几乎都没出现过类似的校园枪击案，泰国校园枪击案发生的比率也远低于美国。但是对于美国来说，禁枪却能在一定程度上抑制校园枪击案的发生。假如赵承熙拿的是刀，那么至少不会造成如此大的伤亡，即便是自制的土枪，也同样不会造成这么多伤亡。

近年来美国发生的严重校园枪击案不完全统计：

1999 年 4 月 20 日，美国科罗拉多州杰佛逊郡科伦拜中学，两名学生开枪打死 13 人，打伤 20 多人，然后开枪自杀。

2005 年 3 月 21 日，明尼苏达州，一名 16 岁学生在一所高中开枪打死 7 人，打伤 15 人，然后开枪自杀。

2005 年 11 月 8 日，田纳西州坎贝尔县中学，一名 14 岁中学生开枪打死一名校长助理，打伤校长和另一名助理。

2006 年 8 月 24 日，佛蒙特州奇滕登县一所小学，一名枪手在学校开枪打死 2 人，打伤 3 人，然后试图开枪自杀，后被警方逮捕。

2006 年 10 月 2 日，宾夕法尼亚州兰开斯特县一所社区学校，一名枪手开枪打死 5 名女生，然后开枪自杀。

2008 年 2 月 14 日，美国北伊利诺伊大学演讲厅，一名男子向人群开枪，打死 5 人，打伤 18 人，然后开枪自杀。

2009 年 4 月 10 日，密歇根州底特律市西郊亨利·福特社区大学，一名枪手开枪打死 2 人。

2011 年 12 月 8 日，弗吉尼亚理工大学，一名学生开枪打死 2 人。

2012 年 4 月 2 日，加利福尼亚州奥克兰市一所大学，凶手开枪打死 7 人，打伤多人。

2012 年 4 月 11 日，洛杉矶南郊的南加州大学校园附近，两名中国留学生在车中遭枪击身亡。

2012 年 12 月 14 日，美国康涅狄格州纽敦桑迪胡克小学，一名男子开枪打死 20 名儿童和 6 名成年人。

2015 年 10 月 1 日，美国俄勒冈州一个偏远的社区学校，一名男子开枪打死 13 人，打伤 20 多人。

......

陈明东：华裔灭门案

　　2013 年，纽约布鲁克林区发生了一起震惊世人的华裔灭门案。其年 10 月 26 日，37 岁的华裔女性李巧珍和她的 4 个孩子在家中被人杀害，当场被捕的重要嫌疑人竟是她丈夫的表弟。此人的情况很快被警方掌握：25 岁，男性，2004 年从中国来美，非法移民，生活失意。而他残杀亲属的理由居然是"嫉妒他们过得好"。在开放的美国，移民犯案算不上多么罕见，但办案的纽约警察却坚持用"永生难忘"形容布鲁克林灭门案的血腥。

　　纽约警方在看到案发现场的时候，全都惊呆了。"这个谋杀案，绝对不是以前大家想象中那种简单的谋杀案，这绝对和大家之前看到的、听到的、所能想象的是完全不一样的。这样恐怖的场景会深深地烙在我们的记忆之中。这是在我的职业生涯中留下深深阴影的一个谋杀现场。"这位处理这个谋杀案现场的警察所说的这段话，被当时美国的多家媒体转引并报道。他想表达的是，案件十分残忍，这样一场突发灾难降临到了一个原本正常普通的家庭之中，对于这个家庭是一种毁灭性的打击。

　　案件的发生地点是在纽约市布鲁克林第 9 大道 57 街区，这边有一个日落公园，是当地的一个华人聚集区，也是纽约主要的一个华人社区，生活在这边的大多是当地的蓝领阶层。被害人李巧珍就生活在这个街区，当时她的亲戚来到了她家，并急促地敲着她家的门，但不停地敲门和拍门都无人回应。当天晚上警方就接到了死者亲属的报警，当时附近执勤的警察赶到了案发现场。

当警察打开门时，他们完全被眼前的场景震惊了，这也令被害人家属无法接受，没办法相信这是真实发生在眼前的事情。李巧珍的尸体倒在了厨房里，身旁躺着她 5 岁的儿子，在卧室里还躺着 3 具尸体，一个 1 岁的男婴、一个 7 岁和一个 9 岁的女童。卧室中的 3 个孩子在警察们进入现场的时候已经死亡了，警方赶紧把还有点呼吸的李巧珍和她身旁 5 岁的孩子送到了医院。但是，在被送到医院之后，他们也经抢救无效而死亡。警方称，所有死者均被人用厨房里的刀砍中脖子和身体。案发后赶到现场的李巧珍丈夫看到这一惨案现场之后情绪失控，号啕大哭。

警方在现场逮捕了一名犯罪嫌疑人，他叫陈明东，25 岁。警察发现他时，他正光着脚，穿着一条牛仔裤，他的裤子和脚上全部沾满了血迹，警察在抓他的时候，他目光呆滞，但并没有对自己的杀人行径感到丝毫的悔意。

当时陈明东还被称为"尚未确定的犯罪嫌疑人"，但是，许多媒体已经认定陈明东就是真正的犯罪分子，就是这场谋杀案的凶手。但是，陈明东为什么会杀人？为什么会杀死这么多人？为什么要用如此残暴的手段杀死这么多人呢？

警方通过审讯发现，陈明东在 2004 年来到美国，可是他在来到美国之后，很难适应美国的生活，甚至连最基本的语言关都过不了。他不会说英语，没法和周围的人进行交流，甚至在审讯过程中都需要翻译的帮忙。语言不通可能也是导致这场悲剧的原因之一。由于语言不通，陈明东感觉他是无法融入美国的，他的"美国梦"将要破灭，他来到美国之后并没有像他想象的那样挖到很多财富，他的生活贫困潦倒，过着漂浮不定的日子。他的生活轨迹也不停地在曼哈顿中国城和芝加哥间变换，直到案发前不久，他的生活才算稳定下来，因为他投靠了他位于日落公园的表哥一家。

只是，案件的被害人李巧珍并不欢迎陈明东的到来，她很嫌弃这位比较笨又比较懒的表弟。有邻居在案发前一晚听到了他们家中传出过激烈争吵。有人说，李巧珍生前曾斥责陈明东"滚出她的家"。

有媒体报道，在案发前，李巧珍还拨通了丈夫的电话，想联系丈夫，因为李巧珍已经发现陈明东的行为好像有点不同寻常。她又给在国内的婆婆打了电话，婆婆于是告诉了同样在布鲁克林生活的女儿，让她去哥哥家里看看具体是什么情况。但在他们到来前，悲剧就已经发生了，陈明东已杀死了他的表嫂和几个孩子。《纽约时报》说，杀戮如大火般撕碎了这个家庭，突然且彻底，这个家庭瞬间被肢解。

陈明东说："他们拥有的太多，他们拥有的一切我都没有，为什么都在美国，我们的生活会差别这么大？"警察班克斯称，陈明东在审讯中还说，"自从到了这个国家，所有人过得都比我好"。陈明东嫉妒表哥一家过得比他好，这是他最主要的杀人动机，另外则有可能是出于被表嫂赶出家门的愤怒。也有媒体推测陈明东的杀人动机是"为了钱"。但其实他表哥一家也只是当地普通的工薪阶层，生活很普通，收入也很普通。而陈明东自己曾在多家餐馆打工，却屡遭开除。案发时，他是一名无业的非法移民。

美国媒体说，在审讯过程中陈明东表现出了暴力和焦躁，他曾与警员发生冲突，他在一只手被铐在桌子上的情况下还挥拳猛击了一名探员，并用眼镜砸了警方翻译。据悉，陈明东的罪名将包括一项一级谋杀和四项二级谋杀。

之前在日的中国研修生杀人事件曾被日媒大肆报道。事件中的中国研修生因日语不好，常被就职的水产公司社长辱骂而难以忍受，最终杀死社长和另一名女性，并造成多人受伤。日本《中文导报》说，来到日本的中国研修生突然进入陌生的文化和语言环境，加上收入微薄带来的自卑感，慢慢进入一种缺爱和孤独无助的状态，无法靠倾诉舒缓痛苦，没有找到可以排解情绪的地方，也不能用钱去消解精神的焦灼，这才会愈加痛苦。

这两件中国人在国外制造的杀人案件，可以找到很多的共性，也是许多人在异国不得不面对的一个问题。

【犯罪心理分析】

"猴王心理"是人们都具有的一种心理：每个人在一生下来，都先天具有一种强烈的自我为尊的意识，即自己是"猴王"，是最重要的，是最强的，是不容置疑的第一号人物。而且"猴王心理"是与人的焦虑反应紧密联系的。当有人把自己当成是最重要的人或自己认可自己是最强者时，人都会表现出很喜悦、很安慰、很高兴的情绪；相反，当有人不把自己当成是最重要的人，自己也承认自己确实不如人时，人也都会表现出自卑、伤心、不安、焦虑、烦躁以及恐惧等情绪，伴随而来的往往是痛苦。

当与自己处于同一领域的竞争者在自己面前表现得十分卓越，并且自己也在心底里认可、承认该人确实很卓越，比自己强，能够赢得更多人的拥护和喜爱时，那么，从这位确实很卓越的竞争者及其拥护者那里传送过来的信息，以及心底反馈过来的信息会告诉他自己：那位确实很卓越的竞争者才是真正的"猴王"，自己则不是！而从心底反馈过来的自己确实不是"猴王"的信息，就会马上挫伤其强烈的"唯我独尊"的"猴王心理"。

发现自己不如别人，不是最强的人，而是最弱的、最可怜的人，这一信息会严重挫伤每个人的"猴王心理"。而根据"猴王心理"的特点能够知道，被挫伤的"猴王心理"往往会伴随着自卑、伤心、不安、焦虑、烦躁、恐惧等情绪，而这些情绪又会让他很痛苦！他人的卓越给自己带来的是无尽的痛苦，人的报复心理机制决定了人一定会采取措施给该卓越者以报复，对卓越者进行言辞伤害、人身伤害、财物破坏。事情发展到这一步是很正常的现象，除非一个人克制住了自己。

陈明东的"猴王心理"在自己与表哥一家的比较过程中受到了伤害，所以起了报复心理，他开始讨厌表哥一家，当他的表嫂对他的懒惰表示出厌恶，甚至不欢迎他借住在家时，他开始产生了愤怒情绪，甚至产生了要杀死他们一家的想法和念头：为什么同样来到美国，你们生活优越，有自己的工作和生活，而我没有工作，甚至连最基本的沟通都完成不了？再加上表嫂对他的指责，这更加深了陈明东对表哥一家的嫉妒心理。

其实，陈明东可以采取回国或者是努力学习口语，努力提高语言能力，或去华人区找工作等方式排遣情绪。当他的生活状况得到改善后，他的嫉妒心理自然会得到缓解，由嫉妒心理导致的情绪失控也会慢慢排解，否则一旦产生了报复心理，而报复心理又战胜了克制力时，他就会表现出失控的状态。所以，陈明东在杀掉表嫂和孩子们时没有表现出丝毫悔意，在面对警察时也是坦然承认这一切。

凯西·安东尼：她是杀害女儿的凶手吗

"你有权保持沉默，但是你所说的每句话都将成为呈堂证供。"我们经常会在美剧或者港剧中听到这样一句话。事实上，这句话出自美国司法程序中著名的米兰达警告，其全文如下："你有权保持沉默，你对任何一个警察所说的任何一句话都有可能作为对你不利的证据被呈上法庭。你有权利在接受警察询问之前委托律师，律师可以陪伴你接受询问的全过程。如果你付不起律师费，法庭会在对你进行询问之前为你提供一名免费律师。如果你不愿意回答问题，你在任何时间都可以终止谈话。如果你希望跟你的律师谈话，你可以在任何时候停止回答问题。"

2008 年 7 月 15 日，美国佛罗里达州警局接到了一通报警电话，电话当中的女士自称辛迪。辛迪要求警察逮捕她的女儿凯西·安东尼，因为她偷走了家里的钱和汽车。接线员放下电话后开始备案，这看起来是一件再普通不过的案子，甚至很有可能报案者马上就会再次打来电话要求销案。

果然，几分钟后报警电话再次响起，同样来自这位名叫辛迪的女性。不过令接线员没想到的是，辛迪并不是打来销案的，而是告诉警察她已经很久没见过自己的外孙女凯莉了，并且她怀疑是女儿凯西·安东尼对凯莉做了什么。这通电话的语气明显不如第一通那样镇定，辛迪似乎有些慌乱。

接线员刚刚放下电话，第三通电话再次打了进来。这一次辛迪的语气显得非常慌乱，她告诉警察自己已经找到了被凯西开走的汽车，不过汽车的后备厢里散发出一股怪味儿，据辛迪的描述这股味道"像是死人的味道"。听到有可能发生了命案，警局立刻派几名警员前往辛迪家中了解情况。自此，一个令人目瞪口呆的离奇案件渐渐呈现在人们面前。

2008 年 6 月 16 日，22 岁的凯西·安东尼在与父母发生争执后带着仅仅两岁大的女儿凯莉离家出走。此后，凯西一直没有主动和家里联系过。因为女儿和外孙女儿长期没有音讯，所以凯西的父亲拨通了凯西的电话，试图通过要求见外孙女的方式劝女儿回家。然而令安东尼夫妇不安的是，女儿凯西一直寻找各种借口拒绝带凯莉回家，不仅如此，她还总是支支吾吾地一次次回绝父母希望凯莉接听电话的请求。这让凯西的母亲辛迪非常困扰，还在自己注册的社交平台上发布了一条心情留言，指责女儿偷走了她的很多东西，并且拒绝自己和外孙女儿见面。

就在辛迪对于女儿的行为耿耿于怀时，拖车公司突然打来电话，工作人员称发现了一辆登记在他们名下的车子被遗弃在路旁。接到电话后，辛迪和丈夫立即赶往拖车公司，一眼认出这正是凯西离家出走时开走的那辆车。车子里面异常凌乱，后备厢里还散发出一阵阵恶臭，感觉事情不对的辛迪立马拨通了报警电话，于是就出现了文章开头的那一幕。

在对车子进行了全面检查之后，警方对凯西进行了第一次讯问，凯西称女儿凯莉早在一个多月前就失踪了。提及凯莉失踪的原因，凯西最开始一直避而不谈，在警方的一再追问下才说出"实情"。据凯西交代，因为她在环球电影公司上班，所以雇用了一个名叫塞奈达·费尔南德斯·冈萨雷斯的保姆来照顾女儿，但在 6 月的某一天，这个保姆带着她的女儿凯莉一起消失了，凯西认为是那名保姆绑架了凯莉。

然而经过警方的调查，凯西根本没有在环球电影公司工作过，而且她所说的那名保姆也并不存在，只是一个虚构的名字。2008 年 7 月 16 日，也就是辛迪报警的第二天，凯西·安东尼因疏忽罪被逮捕入狱，但很快于 8 月 21 日被律师保释了出来。

尽管凯西的父母一直幻想着凯莉或许还活着，警方却判断凯莉多半已经死亡。而孩子的母亲凯西始终无法明确交代自己女儿的去向，同时，她提供给警方的线索也基本上都是虚假的，换而言之，自从接受警方询问以来，她一直在不断地撒谎。

对于父母关于汽车后备厢里的异味的怀疑，凯西一直坚称是她在那里放过垃圾的缘故。但是在 FBI 的协助下，警方把汽车里面的气味样本带到了美国橡树岭国家实验室，实验室通过检测给出的结果是，那种气味可以肯定是来源于腐败的尸体，而不是普通垃圾。凯西眼见抵赖不过，又声称那或许是因为有老鼠或者其他动物钻进了车厢死掉后留下的。

一场寻找两岁小女孩凯莉的志愿行动悄然发起，很多人都努力地寻找一切与凯莉相关的线索，而遍寻无果的情况更加确定了警方的判断——凯莉已经遇害了，而最大的嫌疑人就是凯莉的亲生母亲，凯西·安东尼。

FBI 经过大量的调查，认为一切的迹象都指向了凯西。在凯莉失踪之后，凯西没有一丝女儿丢失后应有的反应，反而显得特别轻松和毫不在意。自 6 月 16 日离家出走之后，凯西一直住在男友的家里。在女儿失踪长达一个月的时间里，除了敷衍父母打来的电话之外，她从来不会主动提及女儿凯莉，并且如同往常一样频繁地出入酒吧和夜总会等娱乐场所，甚至还参加过一次持续了四天四夜的朋友聚会。更为异常的是，在凯莉失踪之前，凯西经常会向朋友们抱怨自己的女儿，并将女儿称作"整天流鼻涕的讨厌家伙"；在凯莉失踪之后，她似乎如愿以偿，再未有过类似的抱怨。

值得一提的是，在凯莉失踪两周之后，凯西还专门给自己文了一个新的文身，大意是"美丽人生"。在面对 FBI 与警方的询问时，给凯西文身的那名文身师回忆，当时的凯西"显得非常开心，在和一个人非常兴奋地讲着电话"。由此，FBI 至少可以推测出凯西是知道凯莉当时的实际情况的，并且她对于那种情况也非常满意，从而进一步推断出凯西杀死了自己的女儿凯莉。为此，警方找到了很多证据来证明这一点。

随后，警方在被凯西遗弃的车子里面找到了一缕头发，不论是颜色还是长度都和失踪时的凯莉完全吻合。随着后续的检查，FBI 的侦查人员还在车厢里面发现了三氯甲烷的使用痕迹，那是一种具有麻醉作用的化学药剂，FBI 药物专家判断凯西正是使用这种药剂麻醉了凯莉。虽然凯西极力否认，但 FBI 依然从她电脑的上网记录里发现了有关三氯甲烷以及失踪儿童的搜索痕迹。

另外，在对凯西住处周围的邻居的例行询问当中，一个邻居声称凯西曾经向他家借过一把铁锹，但凯西并没有对铁锹的用途给出明确的回答。对此 FBI 和警方很容易就联想到了一种用途——掩埋尸体，虽然后来她又找出了很多借用铁锹的理由，但谎话连篇的她再也不能轻易取得警方的信任了。

尽管依旧没有找到直接证据，但是 FBI 和警方已经坚信就是凯西谋杀了自己的女儿凯莉，只要找到凯莉的尸体就可以完全证实这一点。2008 年 10 月，凯西再一次被捕，并且以"一级谋杀罪"的罪名被起诉，此外还有虐待儿童、杀害儿童以及向警方提供虚假信息等 7 项指控。在很多人看来，接下来所要做的就是找到凯莉的尸体，然后由法庭来判定凯西的罪名成立。

2008 年 12 月 11 日，经过将近半年的搜索，警方终于在凯西家附近的小树林里找到了凯莉的尸体。尸体最先由一名清洁工人在垃圾袋中发现，腐烂程度非常严重，面部还缠满了胶带。经过尸检发现，凯莉的死亡时间确实是在 6 月中旬，这和警方的推断完全吻合，他们更加确信，凯西是利用汽车后备厢将凯莉抛尸之后，又将汽车丢弃的。另外，警方还在凯西家里发现了一捆胶带，与凯莉尸体上的胶带完全相同。经过漫长的取证和调查之后，案件终于开始进行审理了。

2011 年 5 月，距离凯西的母亲辛迪报案已经过去了将近 3 年的时间，但各大媒体对于案件的关注并没有消减，反而有愈演愈烈之势。各大新闻网站都对凯西杀人案做了最为详细的追踪报道，不惜用长篇累牍的报道来挖掘每一个细节，成千上万的网友也通过脸书或者推特等社交网络对案件展开讨论。24 日，案件正式开始审理时，这种关注显得更加热切，CNN（美国有线新闻网）和 NBC（美国全国广播公司）甚至专门对庭审现场进行了全程实况直播。

检方律师对于这次庭审非常有信心，根据他们掌握的证据，再加上之前凯西的证词和表现，他们坚信这次完全可以给凯西定罪。然而，辩护律师团队却在庭审一开始就给出了一段爆炸性的陈述。凯西的辩护律师在庭审之初就完全推翻了之前的供述，他承认了凯西抛尸的事实，却讲出了另一个匪夷所思的"真相"。

在开庭陈述中，辩护律师声称凯西之所以会撒那么多谎，是为了掩盖这样一个事实：凯莉实际上是在凯西父母家的游泳池里溺水而亡的。凯西承认自己用车子转移并掩埋了凯莉的尸体，但同时也坚称自己的父亲乔治·安东尼也清楚并参与了这一过程。这样的理由很显然并不能取得其他人的信任，尤其是检方。即使凯莉真的是意外身亡，掩盖她死亡的事实依然很可能会令一场意外事故成为一次谋杀，乔治·安东尼曾经做过警察，他不会不懂得这些。

凯西紧接着又讲出了另一个惊悚无比的"事实"，她表示自己之所以会这样做，都是因为父亲乔治·安东尼从她8岁的时候就开始对她进行性侵犯，迫于父亲的淫威，她才帮忙掩盖了女儿溺水死亡的真相。

乔治·安东尼气愤地否认了女儿的指控，事实上也没有多少人会相信这么离谱的解释，大量网民都相信凯西就是凶手，并要求给她定罪。但这一点反而被凯西的律师团队所利用，他们向法庭陈述，不能因为"民意"而给一个人定罪。在他们看来，逮捕凯西的行为已经是法律在民意的裹挟之下做出的错误决定。

凯西的行为使大多数人感到愤慨，却依旧无可奈何。一名旁听者因为无法忍受凯西及其律师团队的"胡言乱语"而大喊道："反正她也杀人了。"却因此被判处两天的监禁。人们只能期待法庭做出公正的判决。然而接下来的庭审却让很多关注者目瞪口呆，他们眼睁睁地看着一个真正的杀人犯成功脱罪，在这一过程中，美国的很多法律条文都为凯西提供了可以钻的漏洞。

此后，检方的证据一项项被辩方律师驳倒。首先是绑在凯莉身上的胶带上并没有发现凯西的指纹，所以辩方律师认为这并不能作为凯西杀人的证据；至于汽车后备厢中发现的一切证据，都随着凯西对于自己父亲的指控而失效。尽管没有人相信凯西的辩解，但他们同样也无法证明凯西说的不是真的。

关于凯西前后多次说谎的事情，本文开头的米兰达警告则为她提供了最好的保护，说谎只能证明她的人品有问题，而不能证明她有罪。米兰达警告当初就是以极为微弱的票数优势通过审核并开始实行的，该警告曾多次对案犯提供"过度保护"而使罪犯逃脱了法律的制裁。在这项警告的保护下，高明的律师可以帮自己的当事人随时随地推翻之前的一切供述。

最后，检方只能寄希望于发现凯莉尸体的现场，但这里的证据同样被判作无效。在十多年前轰动一时的辛普森杀妻案中，警方为了给辛普森定罪甚至受到了"故意将嫌疑人血液样本洒在案发现场"的指控，因此，后来的法律中明确规定：不是"维持原样"的案发现场不能作为定罪的参考。这就是美国司法极为注重的三项原则：无罪推定、程序正义和直接证据。

事实上，从5月24日开庭一直到6月15日休庭，检方所拿出的证据都只是一些间接证据，并不能直接证明凯西就是凶手，再加上本案没有目击证人，所以没有任何直接证据可以证明凯西有罪。也正是因此，检方的一切结论都是在凯西"有罪"的基础上进行的推测，这违反了"无罪推定"原则。

唯一对检方有用的有关于凯西搜索三氯甲烷的证据，则因为一个看起来更加荒诞的理由而失效了：因为前后两次对于凯西搜索三氯甲烷信息的次数记录有出入，分别是八十多次和一次，辩方律师认为警方在开始取证的时候违反了"程序正义"原则，所以申请这项证据无效，法庭竟然准许了。

在美国，法官没有定罪权，只有量刑权，所以能够给凯西定罪的只有陪审团，但陪审团的原则却是捍卫司法程序的公正。再加上凯西的律师以当地媒体的过度报道容易引起误解为由，迫使法庭不得不使用外地的陪审团。结果就是在面对谋杀指控的时候，所有陪审员无一例外地投了"无罪"票。毕竟检方没有任何直接证据，在这种情况下，再合情合理的推断都不能作为定罪的依据。

2011 年 7 月 5 日，法庭最终宣判，对凯西的指控中包括一级谋杀在内的罪名全部不成立，唯一成立的罪名只有向警方提供虚假信息这一条。2011 年 7 月 16 日，凯西·安东尼被释放。

【犯罪心理分析】

美国凯斯维斯顿法医精神病学中心主任菲利普·雷斯尼克博士曾经对 155 个父母杀害自己子女（主要是母亲实施杀人行为）的典型案例进行了多角度综合性的分析。作为父母杀死子女研究方面的头号专家，他从犯罪的动机分析出发，总结出母亲杀人者的 5 种动机，它们分别是：

（1）利他杀人（altruistic filicide），出于这种动机的杀人者为了不让自己的孩子受苦而选择杀死他们；

（2）精神病杀人（acutely psychotic filicide），杀人者在幻觉和妄想

中将自己的孩子杀死；

（3）遗弃杀人（unwanted child filicide），杀人者认为自己的孩子不应该出生，或者孩子的存在影响到了自己的生活：

（4）失手误杀（accidental filicide），父母本不想杀死自己的孩子，但在打孩子或者虐待孩子的过程中没有掌握好分寸，失手将孩子杀死；

（5）配偶复仇杀人（spouse revenge filicide），夫妻的一方由于对另一方心存不满或为了惩罚对方，选择杀死两人的孩子来对另一方进行报复。

在凯西杀女案中，虽然凯西最终被宣判杀人罪不成立，但她在明知女儿失踪甚至死亡的情况下仍与好友夜夜狂欢，没有及时报案，还向父母和警察撒谎，试图隐瞒事实真相，这些行为都是其无法否认的。凯西平时常向好友抱怨自己的女儿不好，极有可能是因为女儿影响了自己的生活交际，所以想将自己的女儿杀害，从此过上悠闲快乐的生活，这一条符合母亲杀人者中遗弃杀人的动机。

值得欣慰的是，终局裁决并不意味着本案的彻底结束。为了不重蹈覆辙，美国已经有超过 12 个州酝酿立法，要重罚那些小孩失踪却不及时报案的家长或者监护人。凯西杀女案还引发了美国各界对于陪审制度的深刻反思。人们提出，左右陪审团判断的往往不是犯罪事实，而是其他一些和事实无关的因素。阿什顿检察官至今仍不能坦然接受判决结果："既然法律赋予陪审团权力，他们却做出了凯西无罪的裁判，我们就必须寻找特定的理由来接受它、消化它。未来的岁月里，我们所能做的就是将心中的愤怒化作其他积极的举措。"

这起案件深刻地反映了美国的司法制度与道德舆论之间的关系。司法制度是如同铁律一般的存在，而所谓的社会舆论又总是代表着社会公众的道德情感与价值判断。于是，更为常见的社会现实是：法律是一回事，道德又是另一回事；而一个道德上的坏蛋，并不必然成为法律上的罪犯。诚然，法律是维护社会道德的重要手段，但最终的法律判决往往依据的是客观证据和事实，而不是大众的主观道德与判断，更不能凭借情感上的想象和推理去做最终的宣判。

可见，美国法律有着独立的运作逻辑、制度和原则，其对于"趋善""求真"的追求，不仅基于现行的宪法制度，更实打实地落在陪审制、无罪推定、程序正义和直接证据等具体制度与原则上。一旦与其相违背，那么判决的标准就是"宁可错放三千，也不冤枉一个"。可以说，正是这一系列具体制度和原则的存在，才保障了法院判决不会过多地受到社会舆论的干扰。

当然，事物都具有其两面性，这种法律对道德的长期漠视也令所有涉案人付出了巨大的代价。首先是嫌疑人凯西与自己的生身父母完全决裂，同时还面临着来自媒体与社会公众的源源不断的道德指责和怨恨，甚至还收到了死亡威胁；其次，涉及本案的一些陪审员也备受牵连，承受着来自亲朋好友、同事、邻居的孤立、指责和威胁谩骂，严重影响了正常的工作和生活。就这一场诉讼而言，似乎除了司法制度之外，没有真正的胜利者，甚至可以说，其他的都成了完败者。这不禁令我们对法律本身日益变得贫乏与空虚而产生深深的忧虑。

黑人马丁被枪杀案：法律与民意的较量

如何判断一个人是好人还是坏人？每个人都会根据自己的好恶和道德标准对此做出判断。在美国，时常会有一些民众认为是坏人的罪犯在庭审当中被无罪释放，所以人们会强烈抗议审判的结果。但人们从来不会因此而蔑视法律，因为他们知道，法律如果想要判定一个人是否有罪，就必须能够明确地证明这个人做了什么，而不是凭借某个人或者某些人感觉他做了什么。

2013 年 7 月 13 日，经过陪审团漫长的讨论，佛罗里达州法庭就黑人青年马丁被枪杀一案做出了最终判决，被告齐默尔曼被无罪释放。这是一起比当年的总统大选更加引人瞩目的案件，审判的结果一经发布，全美超过一百个城市中掀起了规模不等的示威活动。很多人对审判结果不满意，他们试图通过请愿的方式让司法部部长开始民权调查，但没有人借此去攻击美国的司法体系，也没有人去"人肉"陪审团成员，更没有某些影响力大的公众人物把自己放在道德的制高点上堂而皇之地挑战整个社会的稳定秩序。因为他们都知道要敬畏法律，毕竟法律讲的是证据，而不是个人好恶。

这起轰动全美的案件要追溯到 2012 年年初。2012 年 2 月 26 日，黑人少年马丁从商店里走出来，打算去拜访他的父亲及其未婚妻。伴随着一声枪响，17 岁的马丁倒在了阴雨绵绵的暗夜里。警方迅速赶到案发现场，并且逮捕了开枪者——一名秘鲁裔与白人混血的男子齐默尔曼。但在几个小时之后，这名开枪的男子就被无罪释放了，警局给出的理由是："没有明确证据证明这是一起犯罪事件，所以不构成逮捕条件。"

这无疑是一则很有价值的新闻，在媒体看来，他们当然可以让这则新闻更加轰动一些。于是，隔天的新闻报道中就出现了"黑人少年被枪杀，开枪者无罪释放"之类的文章。当这样的报道成功引起民众的兴趣之后，新闻的标题索性被修改成了"黑人青年被白人无故枪杀"。这样的新闻必然更加引人注目，在美国，黑人和白人之间的矛盾是最容易引起社会广泛讨论的话题。

于是，一个故事的雏形出现了。某个下雨天的晚上，一个黑人青年在回家的路上被误认为有犯罪嫌疑，所以被开枪射杀，但开枪者却没有被追究任何责任。在媒体的精心炮制下，舆论被导向了一个注定会长时间受关注的话题——"黑人与白人"。事实上，开枪者齐默尔曼并不是一个纯种的白人，而是一个有白人血统的混血人，但情绪激动的围观民众们并没有留意这一细节，或者说这一细节在刻意的引导之下被众人忽略了。

案件一经曝光，更多的细节又出现在公众的视野当中，一份经过剪辑的录音出现在网上，那是开枪者齐默尔曼在开枪之前的报警电话录音。录音中，齐默尔曼告诉接线员他在跟踪一个看起来像是吸毒者的青年，其中有很关键的一句话："他看起来是个黑人。"正是这句话成了齐默尔曼种族歧视的证据。根据后来曝光的完整录音来看，只是因为当时的接线员询问齐默尔曼，对方是什么肤色的情况下才有了上面的回答，但在 NBC 公布的录音当中这一部分内容被剪掉了，他们在试图引导黑人和白人之间的对立情绪。

信息曝光之后，网上出现了大量的民众请愿，他们认为齐默尔曼不应被无罪释放，请愿人数甚至超过了数百万。于是迫于民意，齐默尔曼再次被警局逮捕，在这个过程当中，佛罗里达州警局的前局长认为这次逮捕是"为了安抚民众，而不是为了追求公正"。他本人也因拒绝执行逮捕任务而被撤职。

齐默尔曼第二次被逮捕之后，关于他是否有罪的问题，控辩双方进行了激烈的交锋。司法部门知道，一旦涉及种族歧视问题，那么案件将会变得无比复杂，所以，侦办此案的第一个要点就是明确齐默尔曼是否具有种族歧视倾向。为此，FBI进行了大量的调查，调查的结果却与人们最初的判断不同，他们并没有发现齐默尔曼具有种族歧视的倾向。

虽然在之前的录音中，齐默尔曼在形容马丁时使用了很多带有贬义的词汇，比如说"恶棍"和"混蛋"等；但也有人证明齐默尔曼曾帮两个父母入狱的黑人孩子辅导过功课，甚至还因为黑人流浪汉被打而向警局提出过抗议。这些都证明，身为社区安全事务协调员的齐默尔曼只是在尽自己的职责，而不是歧视黑人。

同时倾向于齐默尔曼的言论也渐渐出现。根据法医的鉴定，马丁的血液中含有大量吸食过大麻的残留物，而当天他之所以会出现在那里，也正是因为携带大麻而被学校停课。除此之外，马丁放在社交网络上的照片，大多数是在吸食大麻或者展示枪支，还有一些不文明的手势动作。这些证据间接证明了齐默尔曼对马丁的怀疑不是没有道理的，在当时的报警录音中齐默尔曼曾清楚地表示，自己发现了一名疑似吸毒者的青年。虽然当时他并不在执勤状态，但作为一名安全事务协调员，人们并不能因此而质疑其行动的动机。

虽然关于种族歧视的论调贯穿了整个案件的始末，但法院已经做出了最正确的判断，整个案件的讨论不涉及任何关于种族歧视的问题，毕竟没有任何证据可以证明这一点，所以不能因为齐默尔曼杀了一个黑人就认定其具有种族歧视倾向。与此相对应的是，马丁过去的经历也一概以"与案情无关"为理由被禁止作为庭审的证据出现。

那么剩下的问题就只有一个了，齐默尔曼的行为是否属于违法行为。控辩双方从正当防卫和蓄意谋杀两个角度再次展开了激烈的辩论。出乎意料的是，齐默尔曼的辩护费用在社会捐款的支持下竟然高达一百万，显然有不少理智的人看出了在媒体的刻意引导之下，全国舆论已经出现了一边倒的局面。为了避免舆论影响司法公正，齐默尔曼必须有足够的钱去请律师。

2012 年 4 月 11 日，齐默尔曼被检方以二级谋杀罪的罪名起诉。控辩双方都在试图通过各种手段来还原一个对自己有利的"真相"。

首先是齐默尔曼自己的供词，2 月 26 日晚上并未轮到齐默尔曼执勤，他只是在开车路过的时候看到了一个可疑的陌生人。"这个人穿着连帽衫"并且形迹非常可疑。由于他并没有因为下雨而快速往自己的目的地前进，而"总是躲在别人家的屋檐下向里面张望"，心生疑窦的齐默尔曼通过进一步观察发现，这个陌生人的身体在"不自然地抖动，就像是吸毒了一样"，所以他迅速拨通了报警电话，这一时间为晚上的 7 点 09 分。在报警的过程中，马丁似乎发现了正在注意自己的齐默尔曼，并且采取了一些行动，所以警局的接线员才会听到齐默尔曼的咒骂："这些混蛋总是逃得很快。"根据录音，接线员听到了开车门的声音，所以她询问齐默尔曼是否在跟踪可疑人员。得到肯定的答复后，接线员向齐默尔曼提出建议："你不需要去跟踪他。"这一时间为 7 点 15 分，电话随之中断。两分钟后警察赶到了现场，马丁已经死亡。齐默尔曼承认开枪的人就是自己，但表示自己完全属于正当防卫，因为马丁袭击了他。

检方则对齐默尔曼关于正当防卫的说法提出了反驳，他们认为被告是蓄意杀人，并且给出了自己的理由。在齐默尔曼枪杀马丁的三周之前，齐默尔曼同样报警称自己发现了一个形迹可疑的黑人在围着一栋房子四处观察。当时的接线员同样要求他不要去跟踪对方，但当警察赶到的时候，那名黑人男子已经跑掉了。这也是齐默尔曼会在当天的报警电话中说"这些混蛋总是逃得很快"的原因。事实证明，齐默尔曼的怀疑是正确的，几天之后那户人家就遭到了盗窃，而窃贼正是那天他觉得可疑的那个黑人男子。检方律师认为正是上一次被可疑人员跑掉的挫败感，导致其在马丁一案中产生了报复和挑衅的心理，所以他没有听从接线员的建议停止跟踪，而是蓄意要杀掉马丁。

而检方之所以如此自信还有另一个原因，他们找到了一个足以给齐默尔曼定罪的关键"证人"。一个自称是马丁朋友的女人声称，马丁在遇害之前的几分钟正在和自己通话。她告诉法官，马丁当时告诉她有个白人在跟踪自己，并且她还听到了马丁的呼救声。

但是，令检方自信满满的证人在随后的交叉询问中突然原形毕露，满嘴谎言的她被法庭一致认为不可信。关于她的身份和年龄等一切信息都是假的，甚至在辩护律师要求她朗读一份据说是她写给马丁妈妈的信件时，她先是表示字迹潦草自己无法辨认，然后又突然宣称自己不识字，而这封信恰恰是证明她是马丁朋友的关键证据。更为重要的是，她宣称和马丁通话的时间正好也是齐默尔曼报警的时间，如果她能听到齐默尔曼的质问和马丁的呼救，那么警局的接线员没有道理听不到，可事实上接线员什么也没有听到。证人被证明不可信，检方试图给齐默尔曼定罪的第一轮攻势彻底失败了。辩方律师对此提出了含蓄的警告："不要对没有证明的事情进行随意的猜测。"

此后，检方试图通过另一种方式来证明齐默尔曼蓄意杀人，那就是证明两人之所以发起冲突是因为齐默尔曼首先进行了挑衅。但要证明这一点显然很困难，因为当时正在下雨，而且已经到了晚上，所以为数不多的目击证人当中，没有人能够证明是谁先动的手。于是检方开始另辟蹊径，在网上曝光了当事人的照片，其中齐默尔曼的照片是 7 年前拍的，虽然很瘦，却显得很精神；而马丁的照片则是其 12 岁时拍的，看上去还是一个稚气未脱的孩子。照片的对比，很容易给人们造成马丁根本打不过齐默尔曼的印象，既然不会受到致命威胁，那么齐默尔曼开枪就完全没有必要，就是蓄意谋杀。

但后来发生的事情对于检方来说几乎可以用"打脸"来形容了，因为那些照片都是很多年之前的。就案发当时而言，马丁因为从小酷爱橄榄球，已经长成一个身材高大而壮硕的小伙子；而与之相反的是，齐默尔曼因为身体发福导致体能下降，据他的健身教练表示，齐默尔曼此时的格斗能力基本为零。

给出致命一击的是一位目击证人的证言，他表示自己曾看到齐默尔曼和马丁搏斗，其中一名身着黑色衣服的男子使用了非常专业的摔跤技巧。而案发当天穿黑色衣服的人正是马丁，齐默尔曼穿的则是红色外套。第二轮交锋的失败者依然是检方，他们为了减少负面影响而不得不淡化己方证人的证词。

第三轮的交锋再次开始，焦点依旧集中在是正当防卫还是蓄意杀人上。检方试图从两个人身上的受伤程度来证明这并不是正当防卫，这一过程持续了长达半年之久。经过鉴定，事实上除了马丁身上那致命的一枪之外，两人身上都是一些无关紧要的轻伤。齐默尔曼头上的伤口看起来虽然严重，但在案发当晚他只是在现场进行了简单的包扎就离开了，甚至都不需要去医院。从受伤的程度来说，两人之间的打斗并不激烈，即便是打不过，那么齐默尔曼完全可以逃跑，而没必要杀人。

为了证明这一点，检方提出了大量的证据，但案情的发展却有了出乎预料的转变，除了一成不变地强调种族歧视的部分民众之外，大多数出庭的证人都开始为齐默尔曼脱罪。法医、心理学家、自卫培训专家、FBI 的音频识别专家以及行为分析专家、佛罗里达州警局的指纹分析专家等一大堆专家出席了庭审，这些人的出现不是为了证明齐默尔曼行为的合理性，就是为了找出检方证据的漏洞，检方律师为齐默尔曼编织的"定罪网"被撕扯得千疮百孔。

就在一切即将尘埃落定的时候，检方似乎又找到了最后一张王牌。在双方的格斗实力上面，既然马丁可以完全压制齐默尔曼，那么齐默尔曼就应该根本没有开枪的机会，因为在法医的鉴定中，开枪时双方的距离非常近，仅仅有几厘米的距离。而齐默尔曼之所以有机会开枪，正好可以证明马丁已经放弃了对齐默尔曼的控制，也就是说开枪是齐默尔曼在脱离危险之后采取的报复性行为。面对这样的指控，辩方找到了一个更加权威的证人——一个解剖过近万具尸体的创伤学专家。这位专家对检方提出的质疑一一进行了解答，结果就是齐默尔曼的证词完全属实。

第三轮交锋的失败者依旧是检方，他们已经失去了一切可以成功反击的手段。参加过庭审的一家媒体曾经这样报道：检方律师已经没有任何可以给齐默尔曼定罪的证据，他们只能"挥舞着一张死者的照片，然后喊着一个孩子死了，我们必须给凶手定罪，你们必须认为他说的一切都是谎言"。但就事实而言，检方却拿不出一项可以完全成立的罪名，甚至连防卫过当都无法成立。因为根据众多专家的意见汇总，齐默尔曼当时完全可以感受到死亡的威胁，尽管事实上他并没有受到足以致死的伤害。而按照法律来讲，齐默尔曼的行为是合理而且合法的。在最后一次庭审中，检方试图博取同情的手段也被辩方律师毫不留情地给予了回击："你们无权根据猜测和想象给一个人定罪。"

看起来，这似乎是一场不平衡的辩护，因为辩方只要证明齐默尔曼有正当防卫的可能就行，但检方如果想要给其定罪，就必须排除一切有关正当防卫的可能。根据美国法律的规定，只要陪审团当中有一个人认为齐默尔曼有正当防卫的可能，甚至都不需要去证实，那么法庭就必须将齐默尔曼无罪释放。对检方来说，这无疑是一次最失败的起诉。

在法庭宣判之后，舆论再一次发生了转变。从美国总统到陪审团再到一般民众，似乎每个人都对这样的结果心怀不满，但是他们没有能力去证明齐默尔曼有罪，所以只能将他无罪释放。

【犯罪心理分析】

现如今，"民意"一词似乎常常会被滥用，并且不只表现在所谓"玩弄民意的当权者"手中，更多见于日渐懂得使用"民权"的普通人身上。当一个人突然明白了自己所拥有的权利之后，他往往会不由自主地"滥用"到手的权利，尤其是当这种权利不受限制的时候。

本案中，马丁本来是以被害人的身份出现的，但伴随着调查的不断深入，一个与人们想象中完全不同的马丁出现了，打架斗殴、吸毒、旷课等行为直接令大多数人把马丁定义成一个不可救药的小混混。如果最终证实了齐默尔曼是故意杀人，那么起码还算是还了马丁一个公道，但事实是到了最后依旧无法证明什么，反而引起了美国黑人和白人的对立，甚至差点再次导致整个社会的撕裂。更为讽刺的是，虽然无法证明齐默尔曼到底是不是故意杀人，但唯一可以肯定的一点是，齐默尔曼绝对不是一个种族歧视者。

马丁案被曝光以后，民众请愿进行"民权审查"，以期可以求得整个案件的真相，这是"民意"的正确使用方法。而在司法部开始重新审查此案后，当大量的民众不顾实际情况，只是自顾自地表达自己想象中的"真相"，并且还要求根据自己的想象做出判决时，这就属于"民意"的滥用了。事实上，在这场浩浩荡荡的运动中，原本的目标一个也没有达成：所谓"马丁的公道"不仅没有被讨回，反而使原本同情马丁的人因为知道了他的过往而不再同情他；齐默尔曼的境况也没有好到哪里去，他需要长时间地生活在别人的威胁之下，如果他当时真的只是出于正当防卫才失手杀人，那么这样的结果同样成了"民意"滥用造成的不公。

尽管最终的庭审让大部分人都觉得不满意，但佛罗里达州法庭和美国司法部的决定依然是最正确的。不同于中国的成文法，美国具有大量的判例法。如果此次在无法证实其罪的情况下齐默尔曼被判了刑，那么此后的法官只要依据本次判例，"莫须有"的罪名就会化为一柄锋利无比的达摩克利斯之剑，时时刻刻高悬在每一个美国公民的头顶。

第四章

膨胀的欲望——侵犯财产犯罪

所谓物欲型犯罪，是指犯罪人为了满足其物质需求，使用非法手段侵犯他人财物或公共财物的犯罪行为。这是以犯罪动机来区分的一种犯罪类型，又被称为利欲型动机犯罪或者贪利型动机犯罪。犯罪客体则主要是财产关系，小到盗窃，大到贪污，包括抢劫、抢夺、诈骗、敲诈勒索、走私、受贿、制毒贩毒等在内的财产犯罪和经济犯罪都属于物欲型犯罪。

引子：物欲膨胀与犯罪

所谓物欲型犯罪，是指犯罪人为了满足其物质需求，使用非法手段侵犯他人财物或公共财物的犯罪行为。这是以犯罪动机来区分的一种犯罪类型，又被称为利欲型动机犯罪或者贪利型动机犯罪。犯罪客体则主要是财产关系，小到盗窃，大到贪污，包括抢劫、抢夺、诈骗、敲诈勒索、走私、受贿、制毒贩毒等在内的财产犯罪和经济犯罪都属于物欲型犯罪。可以说，物欲犯罪是全世界大部分国家和地区中当之无愧的犯罪"高地"，稳居犯罪数量的头把交椅。

物欲犯罪大多源自人类内心的贪婪和极差的自控力。事实上，在日常生活中，很少有人能凭借薪水等合法收益，做到完全满足自己的物质需求。但对于大多数人来说，他们愿意利用自己有限的合法收入，选择性地满足一部分需求，然后凭借自控力来抑制某些不合理、不理性的物质需求。概括而言，就是根据自己的收入来决定自己的支出，而不是根据自己的欲望来决定自己的支出。但也有一部分人无法控制自己的贪欲，一味地满足不合理需求，这就使得自己的合法收益显得捉襟见肘，从而产生邪念，走上犯罪的道路。

但丁在《神曲》中列举了人的七宗罪，分别是好色、暴食、贪婪、懒惰、愤怒、嫉妒以及傲慢。事实上，在人类的犯罪动机当中，贪婪才是最为活跃的一个，其出现的频率远高于嫉妒、性欲、信仰等其他犯罪动机。当然，也存在个别物欲犯罪者因自身的合法收益无法满足基本生活需求而不得已实施犯罪的行为，例如新闻报道中曾有"丈夫抢劫为妻子筹集医疗费用"之类的案例，这在某种程度上是值得同情的。

但对于大多数物欲犯罪者来说，他们之所以犯罪并不是源于自身的基本需求，而是贪图享乐和奢靡的生活。一个家境贫寒的人非要让自己在物质生活上与那些富商巨贾们比肩，这在正常情况下显然是无法立刻实现的。积极的做法当然是通过不懈努力让自己也成为富有的人，消极的做法就是不愿意付出和不愿意辛苦努力，妄想不劳而获，从而一失足成千古恨。

造成物欲犯罪的原因有很多，总结起来不外乎主观与客观两种，上面所讲的贪婪就是主观因素当中最重要的一点。至于社会资源分配不均之类的客观因素就更多了。有些人可以住豪华别墅，开几百万的超级跑车；有些人却勉强维持自己的温饱，甚至在生死线上苦苦挣扎。如果把社会总财富比作是均匀洒在大地上的雪花，那么个人财富就是一个个被滚起来的雪球。大雪球总是更容易变大，小雪球却总是兢兢战战，一方面小雪球变大的速度极为缓慢，另一方面小雪球又得小心翼翼避免自己被周围滚过的大雪球所吞并。而当大雪球和小雪球长期并行的时候，小雪球自然就会心生不满，大雪球也难免会自骄傲慢，仇富心理由此而来。

很多人会辩称自己不是仇富，而是仇为富不仁。但在人们的潜意识当中，"富"本身就代表着"不仁"。小雪球想要通过正常方式成长到大雪球的程度，显然比较困难，它需要更快地滚动，也需要有更广阔的雪地让自己不断成长壮大。而一旦这些正常的方法行不通或者奏效太缓慢时，它就可能会采取一些不被允许的方法，比如说吞并其他更小的雪球，又或者在大雪球的必经之路上放置一块石头，让它撞得四分五裂，好趁机壮大自己。而小雪球们一旦尝到了这种非法操作的甜头，就会在犯罪的道路上一发不可收。

人们的价值观当然会受到经济、文化、教育、政治等多重因素的影响。如果一个人从小接受的价值观就是"君子爱财，取之有道"，那么即便内心的贪婪再活跃，也会被他控制在一个有限的范围之内；而如果他从小接受的教育就是"想要就必须得到"，那么欲望一旦萌发，就会被无限地放大，直至不择手段地令其得到满足。可见，人生长的环境因素尤其重要，如果一个孩子从小就目睹自己身边的人为了些许蝇头小利争吵不休，又没有人来给他灌输正确的价值观，那他就很可能会成长为一个贪婪的人、一个无法自控的人。

同时，社会中的普遍价值观也是影响因素中极为重要的一环。比如当今社会的女性穿超短裤、吊带背心上街已经是司空见惯的事情，而如果放在一百年前，那就是一种严重的不道德，甚至会触犯法律的事情。所以，如果社会中普遍存在着享乐主义、拜金主义的思潮，那么身处其中的个人也很容易变得贪婪起来。可见，想要减少物欲型犯罪，需要整个社会的共同努力与全面推进。

康拉德·兹德兹拉克：变装抢劫案

随着科技的蓬勃发展，警方预防和打击犯罪的手段也在不断升级，光是遍布大街小巷的监控摄像头就已经使得大部分"蟊贼"无所遁形。但正所谓"上有政策，下有对策"，为了躲避几乎没有死角的摄像头，大部分罪犯在作案之前都会给自己变装。比如说穿更厚的衣服，让自己看起来比平时更加健壮；穿不容易引人注目的外套，把自己的头部和脸严实地遮蔽起来；甚至有些作案者会"着异装"，故意打扮成异性的样子来迷惑警方。这些常见的手段已经够让警方"眼花缭乱"的了，但之前发生在美国的一起抢劫案再次刷新了人们的观念。不能不令人感慨，犯罪分子们在绞尽脑汁躲避警方追捕的过程中，总是有着无穷的"创造力"。

2010年4月9日，美国俄亥俄州斯普林戴尔市上演了一场离奇的连环抢劫案。当天，斯普林戴尔警局的电话急促地响起，报警人称一名黑人男子刚刚抢劫了一家银行。警方接到报案之后立即赶往现场，但是劫匪已经逃之夭夭，没有留下任何踪迹。就在警方准备展开搜捕的时候，报警电话再次响起，称又有一家银行遭到了抢劫，犯人也是一名黑人男子……

短短的3个小时之内，一共有4家银行和1家药店共5处场所遭到抢劫。起初警方以为是团伙作案，但在仔细对比了 5 个案发地点的监控视频之后，警方很快得出了结论：案犯只有一个人，而且是一名身材高大的"非洲裔"。因为这名犯罪分子根本没有对自己的容貌做任何掩饰，所以警方很容易就掌握了其外貌特征——秃顶、没有胡子。虽然警方和 FBI 的档案库里并没有这个人的案底，但警方相信只要发布了通缉令，应该很容易得到公众的线报。

然而事情的发展大大出乎警方的预料，时间一天天过去，根本没有任何符合罪犯外貌特征的嫌疑人被举报。这个人似乎在抢劫的时候凭空出现，抢劫之后就消失于无形。案件的调查一时间陷入僵局。

4 月 21 日，斯普林戴尔警局接到线报，有人在一家汽车旅店旁发现了一辆非常奇怪的沃尔沃汽车。该车的车厢内部溅满了一种红色液体，举报者认为那很可能是银行防盗专用的红色墨水。除此之外，车后部的座椅上还扔着一个银行现钞包装袋，那种袋子很好辨认。虽然没有接到任何有关"秃头黑人大盗"的线索，但警方判断这辆车很可能和 4 月 9 日的连环抢劫案有关。

经过调查，该车的车主是一名 30 岁的白人男子，名叫康拉德·兹德兹拉克，此时就住在这家汽车旅店中。由于警方并没有接到丢失汽车的报案，所以尽管作案嫌疑人是一名"非洲裔"男子，但警方仍然有理由怀疑康拉德和劫匪有着某种联系，甚至可能是专门接应对方的同谋。

为防止走漏风声，警方突击搜查了康拉德的住所，破门而入后，将藏在卫生间里面的康拉德逮了个正着，同时在房间里找到了大量现金，与失窃赃款的数目完全一致。此时已经可以肯定，康拉德和 4 月 9 号的抢劫案有关系了。然而随着搜查的不断深入，一些令警方吃惊的东西被找了出来——一副几乎能够以假乱真的黑人面具，还有一双仿真黑人手套。

在后来的审讯中，康拉德向警方交代了实情。早在同年3月，康拉德就犯下了第一起银行抢劫案，还曾因非法私藏武器被捕，但不久之后，他在缴纳了足够的保释金后就被释放出狱了。

出狱后的康拉德一直在精心策划下一次作案。一个偶然的机会，他在当地的一家道具商店里发现了一款名为"演员"的"好莱坞级"仿真硅胶面具。该面具制作精良，仿真度极高，无论是质地还是纹理都和真人无二，虽然售价高达450英镑，但他也由此得到了新的作案"灵感"。为了与仿真面具配套，康拉德又专门购买了一双硅胶黑人皮肤手套。由于这款面具可以直接覆盖到颈部，再加上逼真的手套，在抢劫中受到胁迫的出纳员完全没有意识到自己身边的"黑人大盗"其实是一个戴着面具的白人。

在4月9日当天，康拉德就是戴着这副面具抢完一家银行后，跑到无人的地方摘下面具，再跑向下一个作案地点，如此完成连环作案，令警方在追捕时没能发现其丝毫踪迹。如果不是银行现金袋中的防盗墨水自动爆炸，再加上康拉德因为大意而没能及时处理涉案车辆，那么这起连环抢劫案很可能就会成为一宗悬案。

无独有偶，白人可以变装成黑人作案，黑人同样也可以变装成白人为非作歹。

2013年7月30日，纽约警方透露了一起同样离奇的抢劫案，3名黑人易容成白人打劫了1家支票兑换公司。经过审讯，3名犯人交代，他们从2010年本·阿弗莱克的电影《城中大盗》中得到了这次犯案的灵感，电影中的劫匪戴上面具假扮警察、在犯罪现场泼漂白水以销毁DNA

痕迹等情节给了他们莫人的启发。经过几个月的策划，他们确定了作案目标以及具体的实施方案，同时认为化装成白人犯案更容易混淆警方的视线。一般来说，常人很难把作案的白种嫌疑人和黑人联系在一起。

他们的面具来自知名的特效公司——CFX（Composite Effects）。这家公司曾负责过《金钢狼：武士之战》的化妆特效，做出的面具几乎可以以假乱真。他们支付了 2000 美元，以拍摄音乐短片为由向该公司订购了 3 套白人面具。

2012 年 2 月，3 名案犯戴着面具，穿上事先准备好的警察制服，佩戴了警章，驾车抵达皇后区的一家支票兑换公司。他们尾随该公司的一名雇员莉罗蒂·拉南南进入公司后，又挟持了她。为了保证人质的安全，该公司的出纳不得已打开了一个保险柜和一个现金抽屉，在短短的 3 分钟内，3 名歹徒搜掠了整整 20 万美金，然后驾车扬长而去。

警方在接到报案电话赶到现场后，根据目击人员的口供，认为劫匪是 3 名冒充警察的白人男子。案件的调查同样因为找不到线索而陷入僵局。颇具戏剧性的一幕却在不久之后上演。因为警方丝毫没有怀疑过案犯可能是黑人，所以 3 名案犯开始得意忘形，不仅大肆挥霍抢来的现金，其中一个名叫拜耶的劫匪还发了一封感谢信给 CFX 公司，信中写道："我非常满意贵公司的面具，其仿真程度简直令人难以置信。"

接到感谢信的 CFX 公司职员起初也是一头雾水，因为他们实在难以理解为什么会有人在购买面具几个月之后才给公司发这样的信件。联想到最近的 3 名白人男子假扮警察进行抢劫的案件之后，公司的负责人认为他们有必要把这封感谢信交给警方。2013 年 7 月，纽约警方以这封感谢信为线索，成功抓捕了 3 名案犯，并对其提起了诉讼。

【犯罪心理分析】

事实上，类似于第一起案件的银行抢劫案的数量，在所有类型的抢劫案中所占的比重很低。就拿美国来说，银行抢劫案的数量仅占全部抢劫案件的 2.4%；与之相对的是破案率却非常高，比如 2001 年美国抢劫案的破案率为 25%，可银行抢劫案的破案率却高达 60%。所以，很少有人会选择抢劫银行之类的金融机构，因为目标实在是太大了。而上面两起案件中的嫌疑人都不约而同地选择了金融机构，大概是对自己的伪装过于自信的缘故。抛开风险因素不谈，抢劫金融机构的回报确实是最大的，如果只是闯入一家便利店、打劫一个行人或者其他小型商店，根本不可能会有几十万甚至几百万的现金放在那里让劫匪尽情地拿。

FBI 暴力犯罪部门搜集的资料显示，银行抢劫案大多发生在星期五。因为一般来说，美国发薪水的日子就在星期五的上午，因此那一天银行里会准备大量的现金，案例中康拉德·兹德兹拉克所选的日子恰好就是星期五。还有一点，银行抢劫案的犯人以新手居多，一大帮训练有素的退役特种兵或雇佣兵，举着微型冲锋枪抢银行的剧情只出现在小说或者美国大片当中。康拉德显然就是一个新手，虽然他的伪装使其顺利逃脱了追捕，但从他处理车辆和装钱袋子的方法就可以看出，他在这方面毫无经验。虽然他有过前科，从法律角度来说，也应该属于抢劫惯犯了。

FBI 犯罪行为分析专家在研究案例时发现了一个问题：一些"资深"的抢劫犯甚至会总结出一整套成功抢劫的经验，其中最重要的一点就是对于被抢劫者的控制。"你必须让他们害怕，但不是惊慌，因为一旦变成了惊慌，他们的行为就会不受控制。"这是一个没有被起诉的抢劫犯说过的话。一部分抢劫犯甚至会享受这种控制别人的感觉，因此罪犯们之所以会选择抢劫还有一个潜在的诱因，那就是控制欲。

而对于那些惯犯来说，抢劫已经成了一种习惯，"看中了随手就抢"变成一种常态。在美国，抢劫犯们更愿意"黑吃黑"，他们会选择毒贩或者准备购买毒品的人，这些人身上往往带着大量现金，并且通常会因为自己本身就在做违法的事情而放弃报警。不过，直接抢劫毒贩的风险更大，这些人可能会带着枪支等武器并拼命地反抗，同时还可能会得罪其身后某个强大的犯罪集团。

罗伯特·麦克唐纳：陨落的政坛新星

贪污腐败大概是全世界所有政府都会面临的一个严重问题。一旦有贪腐案件出现就会严重影响政府的公信力，而一个不被信任的政府显然会遇到更多麻烦。也正基于此，对于 FBI 来说，贪腐案和危害国家安全类案件一样，始终是需要高度重视和优先解决的。

在美国政坛中，因贪污腐败而被判刑入狱的州长不在少数，其中就包括本节要讲到的弗吉尼亚州前州长罗伯特·麦克唐纳；于 2002 年因贪污银铛入狱的路易斯安那州前州长埃德温·爱德华兹，其已在 2013 年刑满获释；还有 2012 年因卖官被判贪污罪获刑 14 年的伊利诺伊州前州长布拉哥维奇，时至今日，其仍在科罗拉多州的低戒备联邦修正机构中服刑。同时，美国政坛的贪腐案件多体现为同属公务员序列的"夫妻档腐败"，也可以称之为"家庭式腐败"。

美国弗吉尼亚州前州长罗伯特·麦克唐纳曾是美国政坛里的一颗新星。众所周知，2012 年的美国总统竞选人是美国前总统贝克拉·奥巴马和米特·罗姆尼两个人。而罗伯特·麦克唐纳则一度被认为是米特·罗姆尼的竞选对手；甚至在奥巴马当选之后，他依旧被视为 2016 年总统竞选的热门候选人之一。

然而，就是这样一位前途无量的政治明星，却在 2015 年因受贿罪被判处两年监禁，刑期虽然不长，可他的政治前途显然已经毁于一旦了。尽管如此，还是有很多人认为他是一个称职的"父母官"，在其执政弗吉尼亚期间，曾让该州的失业率从 7.4% 降至 5.2%，选民支持率也曾一度高达 55%。

罗伯特·麦克唐纳受贿案东窗事发的过程颇具戏剧性。2012 年 3 月，弗吉尼亚州州长官邸的首席厨师托德·施耐德被人举报贪污食材，随后被官邸开除。厨师托德·施耐德并没有对自己的行为感到愧疚，反而对开除他的州长罗伯特·麦克唐纳心生怨恨，于是向 FBI 举报了麦克唐纳的受贿行为。托德·施耐德告诉 FBI，一个名叫琼尼·威廉姆斯的商人曾在 2011 年罗伯特·麦克唐纳女儿的婚礼上送给他 1.5 万美元，而这份礼金在当时并没有被公开。在托德·施耐德看来，罗伯特·麦克唐纳的行为已经涉嫌受贿。

收到举报后，FBI 立即开始着手调查这位州长，还有他的妻子莫林·麦克唐纳以及托德·施耐德口中的商人琼尼·威廉姆斯。不仅如此，FBI 还就麦克唐纳夫妇与琼尼·威廉姆斯之间是否存在权钱交易的问题，秘密约谈了罗伯特·麦克唐纳的助手。随后，罗伯特·麦克唐纳告诉 FBI：自己和琼尼·威廉姆斯是好朋友，而作为一个州长，为一家优秀的公司提供方便以促进当地的经济发展也是自己的职责所在。

这样的解释看起来很合理，FBI 似乎已经没有继续调查下去的理由。但美国的情况比较特殊，很多政府部门都具有反腐职能，比如联邦调查局、法院、税务局甚至警察局等，一旦发现证据，这些部门都有权力上报和提起诉讼。因此，弗吉尼亚州警方也随即展开了协助调查，并向 FBI 提供了一家保健品制造公司的具体材料，该公司涉嫌与州长罗伯特·麦克唐纳有过多次金钱往来。正是这份材料让 FBI 探员们对罗伯特·麦克唐纳之前的解释产生了怀疑。

随着调查的持续深入，越来越多的线索被挖掘出来，这些线索都间接证明了罗伯特·麦克唐纳和琼尼·威廉姆斯的保健品制造公司确实存在着权钱交易。据调查，罗伯特·麦克唐尼及夫人曾经多次从琼尼·威廉姆斯手中收取过贿赂，包括 12 万美元的低息贷款、劳力士手表、豪华旅游以及名牌服装等。此后，闻风而至的媒体也不甘示弱，接连在《华盛顿邮报》上发表了两篇谴责州长罗伯特·麦克唐纳收受他人财物的报道。这一切都让罗伯特·麦克唐纳心惊肉跳。

早在 1978 年，美国国会就颁布了《政府伦理法》，规定公务人员在职务雇用中不得违背公众利益；对政府部门职员进行调查时，司法部门享有独立调查权。为保证对官员不当行为的调查不受任何因素影响，无论被调查对象的政治地位有多高，政府都不能进行干预。面对这样的状况，罗伯特·麦克唐纳自己也束手无策，只能眼看着丑事一项一项地浮出水面。其实，两人之间的权钱交易远比人们想象中的更多，其中包括大量金钱与奢侈品，涉案总额高达 16.5 万美元。

对于 FBI 来说，官员的受贿显然比商人的行贿更加让人无法容忍。为了搜集足够的证据给罗伯特·麦克唐纳定罪，检方和琼尼·威廉姆斯达成了一项协议：只要他愿意出庭指证，那么检方就会放弃对他个人的起诉。有着逐利本性的商人琼尼·威廉姆斯欣然同意了这项协议。

不愿坐以待毙的罗伯特·麦克唐纳试图联系检察官，并以"起诉在职州长前所未有"为借口妄图逃避对自己的起诉，但事情并不如他所愿。2014 年 1 月，麦克唐纳的州长任期正式到期 10 天后，检方正式对其提起了诉讼。

案件的审理过程并不轻松，为了保证绝对公正，这起州长受贿案一共审理了5个星期，期间有包括琼尼·威廉姆斯本人在内的67位证人出庭作证。2014年9月4日，陪审团最终裁定罗伯特·麦克唐纳在任弗吉尼亚州州长期间，利用职务之便非法获取超过16.5万美元的财产，共计11项罪名成立；他的夫人莫林·麦克唐纳则被判妨碍司法公正、欺诈等9项罪名成立。2015年1月6日，联邦法院判处罗伯特·麦克唐纳两年监禁，其妻莫林·麦克唐纳也随后获刑。

美国司法部刑事司助理检察长莱斯利·考德威尔的言论表达了美国司法部对于贪腐案件的态度："州长被人们选出来为民众服务，但他的腐败行为背叛了民众。今天的判决传递一个这样的信息，即任何形式、任何政治层面的腐败，都不能被容忍。"

【犯罪心理分析】

通过这起罗伯特·麦克唐纳受贿案，我们也可以得到很多启示，并加以学习和借鉴。首先，在美国，任何民众都可以随时拨打FBI或其他司法部门设在各地的办公室电话，举报自己认为有贪污嫌疑的官员，而FBI在接到报案后必须做出详尽的调查报告；同时，美国的司法、税务机关等很多部门都有反腐职能，在履职的同时更容易发现官员贪腐的蛛丝马迹；最后，司法部的独立调查权在法律上保证了司法部门可以毫无顾虑地调查问题官员，以维护司法的公平与公正。

就职务犯罪来说，其动机和抢劫、盗窃、诈骗等类似，都是为了获取更多的金钱和财物。具体说来，大致可以将案犯区分为两类人：一类人为官履职本来就是为了发财，只关心敛财的多少；而另一类人则由为官顺便发个财，渐渐转化为主要是为了敛财。可想而知，这两类公职人员都不会有什么心思踏踏实实地为人民群众办实事，只会像国家的蛀虫一样满足着自己越来越大的贪欲。说到引发职务犯罪的心理因素，主要包括以下三点：

首先是信仰的缺失及生活的腐化。多数政府的宗旨都是服务于国民，且不论这个"国民"的范畴是最广大的劳动人民还是少部分人的"精英"阶层，至少宗旨的关键都在于"服务"二字。但是，随着经济的发展和社会文化的演变，很多为官者都渐渐失掉了自己的信仰，使得他们的"服务"变得不再纯粹或者索性完全沦丧。既然定位于服务者，就代表其合法收入肯定不足以承受太过奢侈的消费，而一旦生活腐化堕落之后，为了维持自己巨大的开销，利用职权谋私也便成了"顺理成章"的事。

案例中的麦克唐纳夫妇就是出于这种心理。庭审期间，辩护律师曾试图用州长夫妻感情不和，州长夫人莫林·麦克唐纳与琼尼·威廉姆斯有私情为由帮罗伯特·麦克唐纳脱罪。但事实上，麦克唐纳夫妇的感情一直很好，甚至曾在 22 周内有超过 18 次共同外出旅行的经历；再加上夫妇二人的奢侈需求，仅以州长先生自己的合法收入显然是不够的，于是，送上门来的琼尼·威廉姆斯正好成了州长夫妇的"提款机"。作为证据的一则手机语音信息也证明了这一点：某次，在州长夫妇将要出行时，罗伯特·麦克唐纳给琼尼·威廉姆斯发了一条语音信息："准备20000 美元。"对方不久之后就回应道："已经准备妥当。"虽然贵为州长，但也不会有人愿意无偿为其提供资金挥霍，作为交换，他自然就要利用自己的职权在某些方面为对方提供便利。

其次是不合理的欲望和错误的补偿心理。既然选择为国民服务，自然就不该有太多的不合理欲望。一般来说，公职人员的工资都会高于平均收入水平，但与富商巨贾们相比，肯定是相差甚远。一些公职人员在掌握权力之后就会渐渐产生心理变化，虽然常被人们称呼为"父母官"，但他们只是享受了其中的权力，反而忽视了本应着重强调的义务，欣欣然把自己当成了"上层阶级"甚至是"特权阶级"。一旦滋生了这种心理，公职人员就会生出更多不合理的欲望，比如在消费上试图向富商巨贾们看齐，合法的收入不够，那就用非法的手段来获取。他们甚至会给自己找一些歪理作支撑：自己没有功劳也有苦劳，获取一些好处也是应该的。本案中，罗伯特·麦克唐纳州长的工作能力似乎毋庸置疑，在他的治理下，弗吉尼亚州的失业率降低了好几个百分点，高达55%的选民支持率也令他坚信自己已经做了足够多的贡献。

再次，不同地区的腐败还会存在一些特有的心理因素。比如在某些腐败成风的地区，大家似乎都在贪污，不过是数额大小的差别，那么"我"为什么不贪污呢？这种"随大流"的想法也是造成腐败的一个重要心理因素，甚至在某些情况下会被渲染成"我不贪污就会受到排挤"的歪理邪说。要知道，是否为了满足自己的欲望而做出触犯法律的行为，从根源上讲并不是被他人强迫或形势所逼，主要原因始终在于自己的内心。

不同于其他类型的犯罪，公职人员贪腐案件是一种危害极大且较难查办的犯罪，其影响往往极为深远。贪腐案件频频发生就会影响到一个政府的形象和公信力，日积月累下来甚至可能产生极为可怕的负面作用。毕竟想要取得信任很不容易，而失掉信任却只需要短短的一瞬间。在我国，部分头脑冲动而不懂得思考的人也变得越发偏激起来，甚至会因为排斥贪污腐败而到处传播污蔑和谩骂政府权力机构的畸形思想。在诸多新闻报道中，一旦在警方的行动中有犯罪嫌疑人出现任何意外，责任就会被无端地推向执掌权力的公职人员一方。更有甚者，就连近年来大快人心的反腐行动都被少数人别有用心地加以"解释"和歪曲。由此可见，廉洁重于山，公职人员的职务犯罪带来的后果无疑是极为严重的。

维克多·拉斯体格：卖掉埃菲尔铁塔

之前，警方破获了一起特大电信诈骗案，某部门工作人员在诈骗团伙的几通电话之后，头脑一热竟然被骗走了上亿元的资金。网络剧中曾经有这样一句台词："以前是骗子太多傻子太少，现在是傻子太多骗子反而不够用了。"当此时，我们不禁想问一句：真的是我们变傻了吗？为什么会有那么多的人上当受骗呢？

归根结底，还是因为随着时代的发展变化，骗子的骗术也越来越高明了。那么，骗术高明的骗子长得什么样呢？他们不仅没有在脸上写着"我是骗子"四个大字，而且还绅士范儿十足，举手投足间体现出良好的修养和雄厚的经济实力。虽然我们大部分人都无缘亲见，但从莱昂纳多主演的电影《猫鼠游戏》及《华尔街之狼》中就可见一斑。

下面，就让我们来看一个真实存在的高明骗子的案例。

维克多·拉斯体格于1890年出生在奥地利，这是在他被捕之后自己亲口供述的。但事实上经过人们后来的考证，根本没有任何证据能够证明他确实出生在那里，而且从一个被称作"骗术之王"的人口中说出来的话，可信度几乎就等于零了。根据相关调查，拉斯体格先后使用了超过47个假名字，并且伪造了几十本甚至更多的假护照，甚至到最后就连拉斯体格这个名字到底是真是假也没有人敢肯定。

据说，拉斯体格从小就混迹于街头，假装过乞丐，也当过扒手，甚至在十一二岁的时候就开始充当皮条客。对于坑蒙拐骗的骗子们来说，扑克牌是绝对的必修课，拉斯体格也不例外。他曾经非常得意地自夸道："除了开口说话，我可以让纸牌做任何我想让它们做的事情。"

提到庞氏骗局，虽然很多人并不知道那具体是指什么，但至少会听着耳熟，知道这是某种会骗走自己口袋里的钱的东西。20世纪20年代的美国，经济开始蓬勃发展，对于很多人来说，日进斗金并不是什么难以想象的事。大部分人在突然变得有钱之后都会暴露一些通病，或者是不把钱当回事儿，又或者因为日益丰满的腰包而变得自大起来，觉得整个世界只有自己最聪明。这种行为在骗子们看来，简直就像挂着"人傻钱多，速速前来"的牌子招摇过市。因此，包括庞氏骗局的鼻祖查尔斯·庞兹在内的很多诈骗犯们，都不约而同地把这一时期的美国选为自己"大展身手"的舞台，维克多·拉斯体格正是其中的一员。

因为年轻时的好勇斗狠，拉斯体格的左颧骨处留下了一道长达10厘米的刀疤，于是，美国不少大城市的警察局都开始留意一个绰号为"刀疤"的男人。原本横在脸上的刀疤会让人的面相变得凶恶起来，但在年轻姑娘们的眼中，拉斯体格始终是一个温柔而又多金的绅士，他对女性极为尊重。于是，1919年11月，一位来自堪萨斯州的美丽姑娘罗伯塔·诺蕾怀着对美好生活的憧憬做了维克多·拉斯体格的新娘。

维克多·拉斯体格在美国时最主要的行骗手段是出售一种叫"罗马尼亚钱柜"的东西，而他的主要行骗对象则是往来于欧洲和美国之间的豪华游轮上的乘客。拉斯体格会让自己看起来像是一个非常有钱的人，然后寻找各种机会与游轮上的商人们闲聊，一旦确定目标，就会慢慢地把话题转移到他的财富上来。没有人会不好奇一个年轻的富豪有着什么样的赚钱秘诀，所以，那些商人们一般都会费尽心思来探听拉斯体格的底细。在表演得差不多之后，他就会假装极不情愿地向商人们透露，自己有一个可以复制钞票的"罗马尼亚钱柜"。被吊起胃口的商人们自然不肯就此罢休，于是拉斯体格总会在最后假装不好意思驳商人们的面子而同意私下展示给他们看。

所谓的"罗马尼亚钱柜"，外形看起来就像是一个制作非常精良的红木行李箱，里面有一台看起来非常复杂的机器。拉斯体格将一张 100 美元的纸币放进去，几个小时之后就会出现另一张看起来非常"真"的 100 美元纸币。事实上，另一张纸币也是预先放好的真钱。商人们对拉斯体格的话深信不疑。

事情的发展完全按照拉斯体格的设想在进行着，不久之后，就会有人询问如何才能得到这么一台神奇的机器。于是，他又开始装作极不情愿的样子，只有这样才会让人深信不疑。最后，拉斯体格会"艰难"地决定卖掉这个可以"生钱"的宝箱，然后根据自己的猜测提出一个商人们能够承受的价格。当商人们做着发财梦的时候，拉斯体格早已带着钱消失得无影无踪。

这些被骗的人当中有富商，有赌徒，有黑帮成员，甚至还有一位州长和一个郡税务官。该税务官用来购买机器的钱全都是自己所掌管的税款，在发现被骗之后，他曾经千里跋涉找到了拉斯体格，却被拉斯体格指责是因为他不会操作才导致机器失灵的。奇葩的是，这名税务官竟然接受了这样的解释，在得到一部分赔偿金之后欣然离开了。

1925 年 5 月，为了寻找新的行骗机会，拉斯体格来到巴黎。他在报纸上读到一篇关于埃菲尔铁塔的报道，上面写着因为铁塔容易生锈，所以需要高额的维护和修缮费用，这使得一部分人开始质疑其存在的意义。自 1889 年巴黎世博会建成直到现在，埃菲尔铁塔已经大大超过了预期的使用年限，所以开始有人觉得应该拆掉这座每年需要不菲开销的"铁架子"。

基于这篇大多数巴黎人都会看到的报道，拉斯体格的行骗新计划逐渐成形了。他先是以政府官员的名义召集了巴黎最大的几个废铁收购商，信誓旦旦地说："因为巨额的维护费用和其他一些不便透露的政治原因，政府打算把埃菲尔铁塔拆掉。"政府当然不会自己动手去拆塔，而是会以招标的形式把铁塔卖出去。给出此次会议的议题之后，拉斯体格又暗示众人，自己将是这次政府行为的最终决定者。于是，商人们的预付款和为了成功中标而付出的一部分贿赂金就这样进入了拉斯体格的口袋。随后，拉斯体格脚底抹油，赶在商人们发现被骗并且报警之前再次逃之夭夭了。

维克多·拉斯体格在欧洲和美国肆意行骗的所作所为，终于还是引起了美国司法部的注意。1928 年，拉斯体格在一个美国商人那里以洽谈商业项目的名义骗走数万美元之后，美国司法部终于派出特工调查有关拉斯体格的事情，这些特工就来自 FBI 的前身 BOI。1930 年，拉斯体格开始制造假钞，殊不知这一行动很快就落入了调查局特工们的视线里。

为了使自己制造的假钞更加逼真，拉斯体格找来一位名叫汤姆·肖恩的化学家一起合作。肖恩负责造假，而拉斯体格自己则经营起一套非常精细的洗钱系统。他们并不会直接进行交易，而是通过毫不知情的邮递员进行运送。就这样，数百万美元假币流入市场，一部分美国民众甚至已经因为巨额的假钞而对美元的信任产生了动摇。而"拉斯体格币"正是官方给予这种假钞的统一称呼。

不久之后，紧盯着拉斯体格的调查局探员逮捕了一个郡治安官，有很大一部分假钞就是从他这里流出的，但他自己却毫不知情。直到面临司法部的指控时，这位治安官才反应过来自己被骗了。于是，他向调查局提供了自己所知道的关于拉斯体格的一切信息，包括他的外貌和部分伪装等。

尽管如此，抓捕拉斯体格的行动进行得也并不顺利。因为他总是随身携带着一旅行箱的变装用品，以保证自己可以随时随地变成神父、侍者或者酒店服务生的样子。在任何场合，他都可以迅速变装然后溜之大吉。

完美的伪装手段却意外有了破绽。1935 年，拉斯体格的女友发现他和朋友的情妇有染，于是，这个妒火中烧的女人一怒之下把电话打到警局，泄露了拉斯体格当时的行踪。5 月 10 日，拉斯体格在走过纽约的一处街角时被突然出现的特工逮捕。

然而，不久之后，更加滑稽的事情发生了：同年 9 月 1 日，拉斯体格竟然从号称"铜墙铁壁"的曼哈顿联邦拘留中心里成功越狱。越狱的手段则非常简单：他把床单当成绳索，然后从窗户里荡了出去，一边下滑一边装模作样地擦着玻璃。当时有很多人目睹了他逃走的全过程，却没有一个人反应过来那是有人在越狱，人们都把他当成了清洁工。

可是，再次逃走的拉斯体格并没能像以前一样继续潇洒地行骗，然后轻松地躲过追捕。同年 9 月 28 日晚，成功越狱了差不多一个月的拉斯体格再次被 FBI 的调查员和匹兹堡特勤处的一名特工找到。经历了一场激烈的飙车之后，发现逃脱无望的拉斯体格只好故作潇洒地停下车子，表示自己不想再跑了。

随后，匹兹堡州法院判处拉斯体格 20 年监禁，关押地点则位于旧金山的阿尔卡特拉兹岛。这是一个重刑犯的关押地点，基本上没有人能够从这里越狱。昔日潇洒无比的诈骗犯拉斯体格此时早已是穷途末路，为了显示自己依旧潇洒，依旧蔑视法律，他开始胡乱地认领罪行，很多无人承认的罪名都被他揽在了自己的名下。此时，他也只能以这种自欺欺人的方式来继续"炫耀"自己了。

在第一次越狱之后，拉斯体格曾经留下过一张纸条，上面写着《悲惨世界》中的一段话："对一介囚犯而言，只有给他信心，他才可能改过自新。法律不是出自上帝之手，凡人的罪可以得到救赎。"或许在某一刻，拉斯体格也曾有悔过之意，但依照他的秉性，这多半是在试图引起法律的同情。在宗教中，一个罪人是可以得到救赎的；但在法律面前，拉斯体格必须为自己的罪行受到惩罚。

服刑之后的拉斯体格并没有放弃逃跑，他一直试图使用各种手段来骗取狱警的信任。从入狱一直到 1946 年，在拉斯体格总共提出 1192 次就医申请，并且收到超过 500 个处方，可身体状况依然不见起色之后，他终于被同意转送到密苏里州斯普林菲尔德的一家医院进行治疗。在治疗期间，看守人员一直寸步不离，谁料不久之后，拉斯体格却因肺炎并发症不治身亡。

拉斯体格此前的谎言给看守人员造成了极大的心理压力。据说即便是在他咽气之后，一直被"狼来了"的游戏弄得神经分分的看守人员们依旧认为他可能是在演戏，不敢有丝毫松懈。他们始终坚信外出就医只是拉斯体格的逃跑计划之一。可是，经过法医鉴定，这一次拉斯体格没有骗人——他真的死了，这位颇具传奇色彩的高明骗子就这样结束了自己的一生。

【犯罪心理分析】

好色、暴食、贪婪、懒惰、愤怒、嫉妒以及傲慢，这是欧洲最伟大的诗人但丁在史诗《神曲》中为世人罗列的七宗罪，这七宗原罪涵盖了人的种种恶行。本案中的高明骗子维克多·拉斯体格就是"贪婪"的生动诠释，甚至还因为屡次轻易地得手而被众人称为"骗术之王"。事实上，在拉斯体格颇具传奇色彩的高明骗术背后，隐藏着的恰恰是其内心丑恶无比的贪婪，为了满足自己的物欲，他将罪恶的黑手伸向了别人的私有财产。

据统计，在诸多犯罪动机当中，贪婪正是其中最活跃的一种，是当之无愧的犯罪"高地"，由其引发的犯罪数量远远高于嫉妒、性欲、信仰等其他犯罪诱因。作为一个"绅士范儿十足"的年轻人，拉斯体格又何尝真的想要一直依靠坑蒙拐骗度日呢，但长久以来无法满足的物质需求，内心深处不断膨胀的贪婪，都令其难以自控，从而萌生邪念，最终走上一条不归路。

说到底，凭借一己之力就能完全满足自己的物欲，过上自己向往生活的人并不多，那为什么大部分人都能安于现状，愿意利用自己有限的合法收入，来有选择地满足一部分需求呢？这首先关乎一个词——"自控力"，能够凭借自控力来抑制某些不合理、不理性的物质需求的人，就能安心地过着自己的小日子；而一味地满足自己的不合理需求，根据内心的欲望来决定支出的人，就有可能像拉斯体格一样走上犯罪道路。

其次，一个家境贫寒的人非要让自己比肩富商巨贾，这时积极的做法当然是生命不息，奋斗不止，百般努力令自己跻身富人的行列；而消极的做法就是不愿付出辛苦，妄想不劳而获。究其根源，就在于人类的另一种劣根性——"懒惰"。

最后，人们之所以会在犯罪后百般掩饰，正是因为他们存在着"侥幸"心理，认为只要隐藏得好，就不会东窗事发，就不会受到应有的惩罚。正如本案中的拉斯体格一样，他先后使用了超过 47 个假名字，伪造了几十本甚至更多假护照，甚至就连拉斯体格这个名字到底是真是假也没有人敢肯定。但纸包不住火，再完美的伪装手段也会出现破绽，"骗术之王"尚且这样仓皇落马，普通行骗者们的下场又会怎样，我们自然心知肚明。

诈骗犯们之所以会走上这条路，确实存在一些社会资源分配不均之类的客观原因，但总的来说，起决定性作用的还是人们的价值观、金钱观等一系列内因。提到三观，它当然也会受到经济、文化、教育和政治等多重因素的影响，但人从小生长的环境因素对其可以说尤为重要，社会中的普遍价值观更是极为重要的一环。

试想，如果一个人从小就被教育"君子爱财，取之有道"，这种自我克制、自我管理的思想已经深深地入脑入心，那么任凭内心的贪念再活跃，也依然会被控制在一个有限的范围之内；而如果一个人从小就被教育"想要就必须得到"，那么欲望一旦萌发，就会被无限放大，直至不择手段地让自己得到满足。

可见，良好的教育会令人们成长得根红苗壮，自觉地向善向好，规避犯罪。相反地，如果社会中普遍存在着享乐主义、拜金主义的思潮，那么身处其中的个人也很容易变得贪婪起来。可见，遏制犯罪需要整个社会的共同努力。

第五章

群魔乱舞——群体性犯罪

    群体犯罪分为有组织的群体犯罪和一般性群体犯罪两种。其中，有组织的群体犯罪是指那些具有长期性、稳定性、严密性的犯罪组织；而一般性群体犯罪则是指那些临时纠集在一起的犯罪组织，多表现为组织结构的松散性与组织存在时间的短暂性。

引子：群众与犯罪

　　群体犯罪是指，两个以上的犯罪主体在犯罪目的一致的基础上联合实施的犯罪行为。在犯罪群体中，个人和群体的意向、目的、动机等逐渐形成了适于犯罪的共同心理倾向，当某些具有犯罪倾向的个体聚集在一起时，很可能会在群体的相互作用下，由犯罪倾向转变为具体的犯罪行为。因此，群体犯罪是内在心理因素与外在环境因素共同作用下的产物。

　　群体犯罪心理的形成因素有很多。比如模仿，在某一群体当中，尤其是法制意识与道德意识淡薄的群体中，某个做出违法行为的个体反而会受到群体中其他个体的追捧和模仿，从而带动整个群体犯罪行为的产生。再比如说合群需要，个体想要融入某个群体，首先需要与这个群体的其他个体有共同话题、共同需求或者其他，而一旦这个群体的共同话题或者需求是违法的，那么这个群体就很有可能会发展为一个犯罪群体。还有互补性，某些犯罪群体中个体的需求和目的实际并不相同，但他们所要达成的目标在一定程度上具有互补性，那么也会形成一个相对稳定的犯罪群体。例如，某些犯罪者需要逃脱法律的制裁，而某些执法者又试图获得合法收入之外的利益，两者目的本不相同，但集合在一起却可以形成一个庞大的犯罪网络。

群体犯罪分为有组织的群体犯罪和一般性群体犯罪两种。其中，有组织的群体犯罪是指那些具有长期性、稳定性、严密性的犯罪组织；而一般性群体犯罪则是指那些临时纠集在一起的犯罪组织，多表现为组织结构的松散性与组织存在时间的短暂性。

有组织犯罪是指具有 3 个以上相对固定的成员，故意实施有目的、有计划的群体性犯罪。国际上称之为最高的犯罪形态，是世界各国普遍面临、危害极大且极难遏制的一种犯罪形态，被称为"世界三大犯罪灾难之一"。

一般性群体犯罪又分为团体犯罪、集群犯罪和一般性共同犯罪。其中团体犯罪的主体多为青少年，因为有共同倾向而集结在一起共同实施犯罪。不同于犯罪集团，这种团体只是临时凑在一起的犯罪群体，结构松散且没有明确分工，危害性较低。集群犯罪则是在激烈的互动中自发产生的群体犯罪行为，表现为无指导、无目的并且不受正常社会秩序的约束。大多数集群犯罪都是由狂热的情绪导致的，比如在某位超级巨星的演唱会上，情绪过于激烈的粉丝们为发泄情绪，可能会做出某些犯罪行为。除个别情况中的鼓吹者和引导者之外，集群犯罪中的大部分犯罪个体之间并没有直接联系，一旦犯罪结束，整个组织就会原地解散，如常见的哄抢事件、经济上的闹事或者政治上的骚动事件等。说到一般性共同犯罪，除团伙犯罪、犯罪集团等特殊的共同犯罪之外，其余凡是有两个以上犯罪个体共同实施的犯罪行为均属于一般性共同犯罪。

"路西法效应"：种族大屠杀

一个人为什么要杀掉另一个人呢？杀人总归要有一个理由，如果毫无理由地杀人，大致就可以归因于具有精神性疾病或者人格障碍了。但是，如果一大群人毫无理由地杀死另一群人，而且杀人者在做出杀人举动之前一直为人和善、宅心仁厚，甚至与被杀者有着不错的交情，那么你会做何感想？大概很多人听了之后就只剩下目瞪口呆了吧！

1994 年，在卢旺达发生了一起骇人听闻的种族屠杀事件。仅仅 3 个月的时间，就有将近 100 万卢旺达人死于屠杀，更加令人难以置信的是，杀人者竟然是卢旺达本国的军队及卢旺达的部分居民。在屠杀发生之前，他们曾是邻居，是好友，但转瞬之间一方变成了刽子手，而另一方则一脸不解地倒在血泊之中。

卢旺达当地有两大族群——胡图族和图西族，其中，胡图族占全部人口的 80% 以上，两大族群合计占卢旺达总人口的 99%。在历史上，两个族群之间一直存在矛盾。1990 年，流亡于乌干达的图西族难民组织"卢旺达爱国阵线"，试图恢复自己被剥夺的政府席位和权力，与胡图族政府之间爆发了内战。3 年后，经过周边国家的调停，内战双方达成了和平协定。

这本来是一件皆大欢喜的好事，却被胡图族政府内部的极端主义者看作他们的耻辱，并对签订了和平协议的总统心生不满，尤其是协议中关于"共享政府权力"的表述更是让他们坐立不安。在这些极端主义者看来，卢旺达不需要图西族的存在，所以，他们开始暗中策划一起骇人听闻的灭绝计划。

1994年4月6日，卢旺达总统和布隆迪总统同乘的飞机在卢旺达首都基加利附近被击落，两位总统同时罹难。胡图族内部的激进派把这起事件的责任推到图西族游击队身上。于是，一起胡图族人针对图西族人的血腥报复行动顺势展开。

这场报复首先在政府内部爆发，由胡图族士兵组成的总统卫队杀害了包括总理在内的4名图西族政府高官。本应迅速平定这次事件的卢旺达政府却做出了完全相反的举动，大量的当地媒体和电台开始就此事煽动图西族和胡图族之间的仇恨，一场对图西族来说毫无防备的屠杀就此开始。

这场屠杀一直维持到同年7月，图西族"卢旺达爱国阵线"联合乌干达军队反攻进入首都基加利，与此同时，200万参与屠杀或只是单纯害怕受到图西族报复的胡图族人逃亡到邻国，屠杀事件才就此告一段落。

在这短短的3个月时间内，将近100万的图西族人以及部分同情图西族的胡图族人死亡，几乎占了整个图西族人口的75%。而之所以会形成如此大规模的杀戮，不仅在于军队参与了屠杀，更因为无数的胡图族普通民众也毫不犹豫地举起了屠刀。

出于政治原因，原本可以阻止大屠杀发生的联合国采取了消极态度，事后为了掩饰自己的不作为造成的惨剧，欧美的官方媒体一致将该事件报道为非洲某国家两个部落之间的战争。直到大屠杀过去多年之后，一些参与过或者见证了当年大屠杀的人，在接受采访时亲口描述当年的情景，才让大屠杀的一部分真相还原在人们眼中。

胡图族和图西族之间的矛盾由来已久，可大部分生活在一起的两族普通民众们根本没有什么仇恨，相反关系还很不错。但就是这些相处不错的邻居，却在突然之间拿着屠刀挥向了自己昔日的朋友。一个当年参与过屠杀的胡图族人在采访中说道："我们本来是很好的朋友，经常一起喝酒聊天，但是有一天政府突然发给我们武器，告诉我们图西族是敌人。"

这是一次莫名其妙的屠杀的开端，在拿到武器时，他一直在犹豫，自己的邻居不像是政府所说的那种坏人，但他的犹豫并没有维持多久。"本来我一直在犹豫，但是看到已经动手的其他邻居和军队，我放弃了思考，开始奉命行事。"

面对突然来临的屠杀，图西族人的反应只有疑惑，他们想不明白，一直秉性温和的邻居为什么突然就把屠刀挥向自己。一名胡图族妇女回忆道："当我把手中的刀砍向邻居家的孩子时，他并没有惊慌逃跑，反而一脸迷惑地看着我。"这个孩子显然不能理解，为什么昨天还给自己糖吃的阿姨，今天突然要杀掉自己。

就这样，很多毫无防备的图西族人被自己的邻居和朋友杀害了，而当反应过来这是一场屠杀之后，他们又开始期待联合国的救援。遗憾的是，联合国没有采取任何实际行动，他们只能眼睁睁地等着被杀掉。

屠杀造成的伤害不仅仅是死亡，对于图西族的女性来说，她们面临的还有更加恐怖的遭遇——超过50万妇女在屠杀中被强暴。对于女性的侮辱开始于胡图族的领导者之一希尔维斯特，他率领众人轮奸了自己昔日好友的女儿，并且宣称要她生不如死。还有更难以理解的事情发生了，一些疯狂的屠杀领导者甚至下令在杀死女人之前必须先强暴她们，这简直是难以想象的。

胡图族人的残暴在迅速蔓延，其传播速度就像是生化危机中的病毒一样，在极短的时间内传染了整个国家。而与此同时，胡图族人的人性也在迅速消失，他们在各种公共场合侮辱女性，甚至将这种共同犯罪的残忍行径当作提高胡图族人群体凝聚力的一种手段。于是，原本漫无目的的随机强暴变成了有组织的轮奸，这对女性来说简直比地狱更可怕。

人性一旦开始消失，人的行为也就变得毫无道德底线。他们会逼着父亲当着众人的面强奸自己的女儿，也会逼着儿子当着父亲的面强奸自己的母亲，甚至会当着被害人的面用各种残忍的手段残害其亲人。其场面之残暴，一些以血腥恐怖著称的禁播电影，与之比起来也只是小巫见大巫而已。

【犯罪心理分析】

原本普普通通的胡图族人为什么会突然变得如此残忍呢？据调查，在屠杀的过程中，胡图族的女性甚至比男性更加残忍。多年以后，很多著名的社会心理学家都试图了解其中的原因，但在访谈中，当年曾经参与屠杀的人们却一次又一次地说出了挑战专家们心理底线的言论。

一个当时刚成年不久的男子说出了这样的话："我杀了很多人，但是我并没有感到愧疚，只是在最后觉得有些疲惫。"持这样言论的人在任何文明社会中，都会被当作具有反人类倾向的超级变态杀人狂，是在犯罪档案中被无数犯罪学家拿来研究的特殊个例，但在大屠杀时期的卢旺达，这样的人何止成千上万。

还有一个人曾这样描述自己参与屠杀时的心理："我知道他们并不是什么敌人，也没有犯罪，但是我停不下来，周围的人都在做同样的事情，他们也停不下来。"而其唯一对屠杀有些微词的言论也同样令心理学家们感到战栗："在杀人的时候因为犹豫而迟疑了，一定不能说出自己迟疑的原因，否则就会被当成敌人的共犯，我只能假装自己是累了，但也不能迟疑太久，那会被人看穿的。"

事实正是如此，死在这场大屠杀中的胡图族人同样不少，一部分人是因为对图西族人的同情，也有一部分人单纯是因为对杀人的犹豫。在这场屠杀中，大部分的胡图族人都已经陷入丧失人性的疯狂了。

当然，这场疯狂屠杀也不是没有根源的。事实上，最初的卢旺达并没有胡图族和图西族之分，在殖民战争开始之后，欧洲的殖民者才强行把卢旺达人分成了两个种族。殖民者在进入卢旺达之后，挑选长相举止跟白人更接近的人（肤色较浅、鼻梁较高的人），作为统治阶级，称为图西族。这些图西族人因为殖民者的"支持"，有了接受教育和参与管理的机会，或许在大多数的胡图族人看来，图西族人就是投靠侵略者的叛徒。于是，仇恨就在不知不觉之中积累起来。殖民者离开之后，失去了绝对武力的控制，占大多数的胡图族人自然会对图西族人展开疯狂报复，这场报复在极端主义者的鼓动之下就直接变成了一场惨无人道的屠杀。

事实上，大屠杀在历史上屡见不鲜，最典型的便是发生在日本侵华期间的南京大屠杀，虽然被害人的数量不如卢旺达大屠杀中的死亡人数，但其残忍程度却有过之而无不及。另外，在"二战"当中，希特勒杀害了 600 多万的犹太人和上百万的苏军俘虏。

那么，人究竟为何会变得如此凶残、泯灭人性呢？有这么一场实验或许能告诉你答案。

1971 年，美国海军的一名军官因为虐囚事件被起诉，法官们认为虐囚事件之所以会发生，责任完全在于那名军官，所以必须重判。但美国斯坦福大学的心理学教授菲利普·津巴多却有着不同的意见，他认为虐囚事件的发生更多的原因在于周围的环境，而不应当由某个单独的人来承担全部责任。法官当然不肯接受他的理论，于是菲利普·津巴多教授做了一个探讨人性的心理学实验——"斯坦福监狱实验"，实验显示，好人也会犯下暴行。这种人及其性格的变化被津巴教授称为"路西法效应"，即上帝最宠爱的天使路西法堕落成了撒旦。这一实验在后来引起了极大的争议，也成为斯坦福大学有史以来最臭名昭著的一次实验。虽然当时的美国心理学会承认这次实验符合所有的道德规则，但在实验之后，这些标准都被加以修改，目的就是禁止再出现类似的实验。

8 月的某天，斯坦福大学的一处公开栏上张贴着一则广告："关于研究监狱生活的心理学实验急需招募一批男性志愿者，每人每天的酬劳是 15 美金，实验时间为一到两周。"或许是对于这种从未出现过的实验感到好奇，报名者竟多达 70 余名。津巴多教授和他的助手们从这些学生里挑出了 24 人，然后把他们安置在位于斯坦福广场中心的一处模拟监狱中。

8 月 17 日，实验正式开始。通过抛硬币的方式，这些人被随机分成看守和犯人两个团体。津巴多教授知道这样的实验存在一些风险，但他必须让参与者们尽快进入自己的角色状态。虽然扮演看守的学生从一开始就被告知不可以对囚犯造成任何身体上的伤害，但同时他们也被告知应当尽力营造一种让囚犯感觉到无能为力的氛围。虽然事先做过一些评估，但谁也无法预料实验最终会走向何方。

在实验前期，津巴多教授和他的助手们需要做的，就是建立起一个真正的看守和囚犯一起生活的监狱体系。扮演囚犯的学生在一开始就被要求赤身裸体地接受检查，然后换上囚服，并且每人领取一个专属于自己的数字编号。这是一种心理暗示，通过这种形式告诉扮演囚犯的学生们，从此之后他们就完全失去了自己原有的身份和社会地位，甚至连名字也不复存在了，他们所拥有的只是一个代表自己的编号。为了让囚犯们更快地进入状态，他们被要求不断地报出自己的编号，这样做的目的是尽可能地让这些学生完全接受自己囚犯的身份，甚至最好忘记这只是一次实验。

对于扮演看守的学生们，实验者也制定了类似的措施。事实上，最开始被分配去扮演看守的学生们并不乐意，就如同现在的很多年轻人一样，他们认为只有扮演代表规则对立面的囚徒才够酷。但这种抵触情绪并没有维持多久，当他们穿上狱警的制服，并被告知身为看守的种种权力并试着开始表现自己的权威之后，他们甚至比扮演囚徒的学生们更早地忘记自己只是在参与一次实验。

实验的第一天，看守们显得有些无所事事，虽然他们进入状态最快，但是并不知道自己可以做些什么，这个时候双方还是相安无事的。但是，第二天的时候囚犯们组织了一次反抗行动，他们撕掉了自己的编号，拒绝服从看守们的命令，甚至还对那些看起来非常着急却显得无可奈何的看守们进行嘲笑。面对这样的状况，看守们一开始有些手足无措，但当津巴多教授暗示他们应该采取一些可以控制局面的措施时，残酷的镇压行动开始了。看守们强迫囚犯做俯卧撑，不给他们吃饭，而且没收了枕头和被子等物品来禁止囚犯们睡觉。当囚犯们进行了更加激烈的反抗之后，看守们开始禁止囚犯们上厕所，让他们裸体睡在水泥地上，等等。

当年参与实验的一名学生在 40 年后的一次采访中曾这样表示："当时我们当中的一部分人甚至觉得很难堪，毕竟对于年轻人来说，反权威才是最酷的事情。但当囚犯们开始反抗的时候，我们的想法都变了。"他说那是一种丝毫没有犹豫的转变："在当时看来，他们进行反抗就是对我的蔑视，是对我和我背后体制的挑衅。对于挑衅者我们必须进行镇压。"这种心理愈演愈烈，甚至到最后变成了只要囚犯的行为不符合自己的心理预期，看守们就会认为他们在对自己进行挑衅。另一名参与者在后来的采访中也表示，原本自己认为特别丢人的一些事情，比如说电影中狱警们的各种虐囚行为，这时候都会被自己不自觉地表现出来。看守和囚犯之间的互动开始发生了一些质的变化。

当然，也不是所有人都会很快地进入角色，其中一名囚犯的扮演者就一直拒绝承认自己是一名真的囚犯，并且不断地向周围的人强调这只是一次实验。但他的不合作遭到了看守们的残酷镇压，甚至包括一些性侮辱，最后他变得比任何人更相信自己是一名真正的囚犯。

为了让实验看起来更符合实际情况，在第三天的时候，他们安排了一次亲人探视活动。这些家长到来之后，甚至会向扮演看守的学生询问自己是否可以和犯人拥抱之类的问题，当探视时间到了之后，看守们会非常粗暴地中断谈话。实验到了这个时候，基本上所有的学生甚至包括大部分的家长都已经开始忽略这只是一次实验的事实，他们一致认为这是一家由斯坦福代管的真正的监狱。

第四天的时候，部分囚犯提出希望获得假释，他们可以为此放弃自己这些天参加实验应得的酬劳，却被看守们拒绝了。事实上，这些扮演囚犯的学生们只要退出实验就随时可以离开，但他们已经把自己当成了真正的囚犯。

在实验中，津巴多教授所扮演的是典狱长这一角色。这位教授是一个很著名的反战人士，深受学生的爱戴，待人也非常和善，但就是这样的一个老好人也渐渐在试验中迷失自我。他开始遗忘了自己组织这次实验的目的，并且忘记了自己本该是一个客观的观察者，反而全身心地投入典狱长这一角色中。40年后，津巴多教授在著作中说出了自己当时的心理状态："我开始完全代入了角色，我会痛恨那些不合作的囚犯们，同时我也会在心里思考某个看守的表现越来越棒。"津巴多教授完全忘记了自己需要把握实验的进度，他开始一心沉醉于典狱长这一角色当中，并没有发现实验已经开始失控了。

当一名犯人开始用绝食来抵制看守们的残酷镇压时，看守们很自然地对这名犯人进行各种羞辱，甚至还强迫其他犯人也一起这么做。因为看守们一开始就被告知不可以对犯人造成任何身体上的伤害，所以他们会假装做出各种羞辱性动作，并在没有其他观察人员在场的情况下悄悄地殴打囚犯，因为他们认为单纯的假动作惩罚已经无法让囚犯听话了。看守们还会不定时地干扰囚犯的睡眠，逼着他们穿上女装，禁止他们洗澡，强迫他们待在因为不能去厕所而变得非常脏的屋子里面，甚至用灭火器袭击囚犯等。

底线在不断地被突破，越来越多本不该发生的事情就这样发生了。面对这一切，津巴多教授却视而不见，他一方面开始挑选自己的得力"干将"，一方面也在思考着该派谁去收拾那些不听话的囚犯。

一切都在朝着失控的方向发展，幸好在第五天的时候，一名刚刚完成博士学业的学生前来观摩实验。这个学生名叫克里斯汀娜·马斯拉奇，当时是津巴多教授的恋人。她站在实验区域之外观察了看守对囚犯的种种行为之后，向津巴多教授提出了强烈的抗议："那已经不再是一个实验了，你看看他们都在干什么！"

直到这时，津巴多教授才发现自己因为太过投入而忽略了正在发生的事情，自己本该是一个客观的观察者，但此时已经变成了和学生一样的参与者。为了不让场面彻底失控，他决定立即停止实验。

事实上，这次实验的后遗症在当时就已经表现出来了，当得知实验结束的时候，囚犯们表现得欢呼雀跃，而看守们却觉得意犹未尽。他们不是为了贪图每天 15 美元的报酬，而是在享受一种作为看守的感觉。一些本来性格温和的学生在参与了实验之后突然变得凶悍起来，而大部分囚犯的扮演者在实验结束后的很长一段时间内都一直保持着对看守扮演者的痛恨和不信任。

在后来的心理测试中，参与实验的学生当中有三分之一被测试出有真正的"暴力虐待"倾向，这些在实验之前是不存在的；而囚犯中的大部分人都受到了心理创伤，甚至有两个人不得不提前退出实验。其中的一个在实验结束的前一天晚上宣布退出，当时，他的父母发现他的身体状况很差，于是，看守们决定准许他获得假释。但这名囚犯自己却不愿意退出，他在一门心思地组织其他囚犯进行更加激烈的反抗。

津巴多教授本人则遇到了更加严重的问题，不仅要面对各界人士的指责和批评，而且在弄清楚自己到底造成了什么样的后果之后，他曾经在长达数十年的时间里一直无法面对自己一手创造的这次实验。

至于卢旺达大屠杀中那些原本性格很温和的胡图族人，为什么会突然持刀砍向自己的邻居，我们或许便可以从这一实验中找到原因。

在实验中，扮演看守的学生们最开始并不愿意做出那些伤害其他人的事情。这并不是因为本性或者其他原因，而是在他们之前接受的教育中一直重复着这样一个道理——伤害别人是不对的，再加上他们并没有理由去伤害自己的同学，虽然他们分属一个实验当中的两个不同阵营。

事实上，一个人在找到足以支撑自己行动的理由之后，几乎可以做出任何匪夷所思的事情。扮演看守的学生在完全投入角色之后，就会渐渐放弃之前的道德坚持，对囚犯的羞辱和镇压也有了自己的解释："他们这是在挑衅我和我背后的体制，那么这时候对他们做出一些之前认为很过分的事情就变得理所当然了，并且在事后不会有一丝愧疚。"

在对卢旺达大屠杀参与者的采访当中，一个胡图族妇女告诉采访者自己当年亲手杀过一个图西族的小女孩，而之所以杀掉她，是因为她的父亲和母亲都已经被杀了，如果不杀掉她，她就会成为孤儿，遭受各种痛苦。这个看起来非常荒诞的解释却成为这个女人毫无心理负担地把人杀死的理由。

如果只有一个人进行自我欺骗，那么他就会觉得自己和周围的环境格格不入；但如果所有人都在进行自我欺骗，那么那些本来十分荒诞的、和自己原本的信念不相符的东西就会变得合理起来。

　　斯坦福监狱实验当中的看守们，原本因为不伤害他人的信念和反权威的叛逆思想而对自己的身份感到不满，但当扮演囚犯的学生们真的做出了一些类似囚犯所为的事情之后，他们又会觉得自己应该承担起作为看守的职责来。在双方一次又一次的互动中，看守开始把镇压囚犯看作是理所当然的事情，而囚犯也因为受到迫害而认为进行抗争是理所当然的，这就形成了一个向着不可测方向发展的恶性循环。

　　当一个胡图族人拿起刀的时候，他会怀疑自己的行为，更会本能地抵触屠杀行动；但当所有的胡图族人都开始做出同样的行为时，自己的"异族"邻居就已经不再是普通的邻居了，而成为一种和自己敌对的存在。"他们已经不是普通人了，而是我们必须除掉的障碍""为了大局着想""必要的牺牲"等话语就成了他们的理由，这样一来，他们就什么事情都可以做出来了。

　　而一些内心里不愿意把屠刀挥向自己邻居的人也难以幸免。身处于那样一个环境当中，产生"如果我不参与，就会被当成叛徒"的心理是在所难免的。而一旦开始杀人之后，"反正大家都是这样""反正我已经杀人了"等念头就会一丝一丝地蚕食掉本身的理智，甚至还会产生"即便我不杀也会有别人杀，甚至还会死得更加痛苦"等念头，让他们觉得自己是在完成一项使命，是完全正确的事情。

"九月惨案"："无套裤汉"的狂欢

提起法国大革命，大家可能想到的是法国人民高唱着斗志激昂的马赛曲，一路前行的场景。但"革命并不是请客吃饭，不是做文章，不是绘画绣花，不能那样雅致，那样从容不迫、文质彬彬，那样温良恭让。革命是一场暴动，是一个阶级推翻另一个阶级的暴烈行动"。1792年9月2日，就发生了法国历史上著名的"九月大屠杀"。

巴黎爆发的"九月大屠杀"在历史中被称作"九月惨案"。当时的巴黎爆发了"无套裤汉革命"，之所以称作"无套裤汉革命"，是因为当时的法国贵族只习惯穿套裤（紧身裤），而普通的百姓穿的是无套裤，因此"无套裤汉革命"指的是一场没有贵族的革命，是一场只有底层平民参加的革命。

当时的巴黎，外敌逐渐入侵，隆维已然失守，旺代等地甚至发生了保王党叛乱。9月2日，凡尔登陷落，巴黎警钟敲响，由这些"无套裤汉"组成的义勇军们整装待发。这时候的巴黎谣言四起，有谣言说被投进监狱的王室成员和贵族们要在监狱中发起暴动。在这些谣言的蛊惑下，义勇军就自告奋勇地跑到狱中，去处死那些"将要"发起暴动的犯人。

1792年9月2日至5日，惨无人道的大屠杀开始了，在这样的大屠杀面前，法律显然已经失去了它该有的约束力。9月2日晚上，无数民众集合在了贡塞榭峰监狱，从晚上8时开始，进行了长达9个多小时的屠杀，死难者达到350人之多。而在另外一个监狱——亚培监狱，暴行更是持续了41个小时，同样屠杀了上百人，甚至还对一些被害人使用了极其残酷的刑罚，将其肢解。在这短短的3天时间里，整个巴黎一共有上千人死于这场屠杀，这场屠杀还蔓延到了巴黎之外的城市。

在这场大屠杀中，有一位典型的被害人，就是当时的德·兰巴拉公主。德·兰巴拉公主是当时法国王后玛丽·安托瓦内特的闺密，她在这场大屠杀中被活活虐待至死。"无套裤汉"首先用剑刺到了德·兰巴拉头上，然后又将她的额头划破，鲜血从划破的裂口处冒了出来，她全身上下都被血打湿了，德·兰巴拉失去了意识。

但是，"无套裤汉"不愿意德·兰巴拉就这样安静地死去，于是他们开始了更加残暴的行动，要让德·兰巴拉承受生不如死的折磨。他们用刺刀撕开了德·兰巴拉的衣服，纷纷用牙齿撕咬她的身体，这些疼痛让已经昏迷的德·兰巴拉又苏醒了过来。为了让德·兰巴拉感受到自己死亡的全过程，"无套裤汉"强迫德·兰巴拉站起来，继续对她进行折磨和羞辱。最后，德·兰巴拉被他们折磨得已经没有了丝毫站立的力气，他们才决定要赐德·兰巴拉一死，然后用武器杀死了她。

"无套裤汉"对德·兰巴拉的尸体也不放过，用利剑对她进行了分尸，砍去她的全部手脚，开膛破腹，完全不成人形。疯狂的人们将德·兰巴拉的肠子拽出体外，缠绕在手上来显示自己的勇敢，甚至有人将她的心脏挖出来，哈哈大笑。他们砍下德·兰巴拉的头颅，用长枪挑着，在关押法国王后的牢房窗外游行。德·兰巴拉公主的生命定格在她43岁时的这场恐怖血腥中。

法国"九月大屠杀"震惊了整个西方世界，也被人们视为法国大革命中的一次恐怖事件，当时英国驻法国大使发出了"这都是些什么样的人啊！"的感慨。

这个杀人群体杀了大约一千多人，这个群体中除了少数职业无赖，主要是一些小店主和各行各业的手艺人——靴匠、锁匠、理发师、泥瓦匠、店员、邮差等。他们在别人的怂恿下，已经没有了判断力，他们完全相信自己是在完成一项爱国义举，没有意识到自己是在杀人犯罪。他们感觉自己在整个屠杀过程中既是法官又是执行人，认为自己是正义的化身，丝毫不认为这是在犯罪。

这些暴乱者大多数都来自底层平民，对和他们同一阶层的人有着极大的同情和理解，在得知平民囚犯在监狱中可能 24 小时都喝不上水之后，他们感觉这一切都是狱警的错，这些狱警真的该死，就应该把这些狱警活活打死。当一名来自社会底层的罪犯被暴乱者的临时法庭宣告无罪后，所有人都高兴地与他拥抱，疯狂地鼓掌。之后，他们便开始了针对贵族囚犯的疯狂的大屠杀，在整个屠杀的过程中他们的情绪都十分高涨，整个屠杀人群处于极度的亢奋状态，他们围着尸体唱歌跳舞，欢快地观赏着被他们处死的贵族，他们认为他们的行为是充满着正义的行为，这场屠杀是充满正气的屠杀。

在屠杀过程中，为了让女士们看得更加真切，他们把女士们安排在了前面，于是其中的一名刽子手当时抱怨说，这样使在场的人中只有很少的人才能享受到痛打贵族的乐趣。他们决定让被害人从他们中间慢慢走过，然后用刀来刺伤被害人的背部，这样被害人痛苦的时间就会长一点，大家也都可以感受到痛打贵族们的乐趣。在福斯监狱，被害人甚至被剥得精光，每个人都观赏着被害人，直到每个人都看够看腻以后，再用刀切开他们的五脏六腑。

他们的所有行为，都呈现出了群体头脑特有的那种幼稚的推理方式。因此，在屠杀了1200~1500个"民族的敌人"之后，有人提议说，那些关着老年人、乞丐和流浪汉的监狱其实是在养着一些没用的人，因此不如把他们也全都杀掉，他的这种建议居然立刻就被采纳。在屠杀的过程中，他们已经失去了最初的目的，好像每个人都是该死的，屠杀的范围越来越广，囚犯无一例外地全被处死，其中包括50名12岁到17岁的儿童。他们用自己的理由把这些人都变成了人民的公敌，全部处决。一周的屠杀结束，所有这些处决也终于停止，杀人行动也停止了，刽子手们以为可以休息一下了。他们深信自己为祖国立了大功，还前往政府去请赏，有的甚至要求被授予勋章。

群体事件中，还有这样一个例子，攻破巴士底监狱时监狱长被杀，杀死监狱长的人是巴士底监狱里的一个厨师。这个厨师与监狱长并没有什么冤仇，并且厨师还是监狱长选拔进来的。当时厨师无事可干，监狱长出于同情把他招了进来，没想到他竟然成了杀死自己的凶手。

《乌合之众》中记载：一群人通过武装斗争攻破了巴士底监狱的铜墙铁壁，这群人围住监狱长的时候非常兴奋，他们不断地向监狱长进行拳打脚踢，结束之后又开始了他们的屠杀狂欢，有人说要吊死他，有人说要砍下他的头，有人说要把他拴在马尾巴上……

狱长在反抗的过程中，踢中了一个殴打他的人，这时有人建议让那个被踢到的人杀了狱长，这个建议很快就得到了在场群体的认同。此人正是这个监狱的厨师，他来巴士底监狱工作主要是因为自己没有事情可做，或者是出于一种好奇心，他被狱长踢到确实也是偶然。但是，这时群体的意见是让他杀了狱长，他认为既然大家认为这样做是对的，他就觉得这是一种光荣的事情，而且还认为杀死了狱长一定会得到这个群体对他的认可。他便拿来一把刀，由于这把刀有点钝，所以并没有成功杀死狱长。因为是厨师，所以他从裤兜里掏出了一把随身携带的小刀，很容易就将狱长杀死了。

集体其实就是那些组织有序的群众，这样的群众，比起那些毫无组织性的群体来说，有时候可能更可怕。就像当年的纳粹，是一个组织有序、纪律严明的群体，在纪律严明的组织中，那个人绝对是身不由己的。集体主义精神必然消灭个性，扼杀人的独立思考能力。德国纳粹当年做出了无数的暴行：毒气室由学有专长的工程师建造；儿童被学识渊博的医生毒死；幼儿被训练有素的护士杀害；妇女和婴儿被受过高中或大学教育的人们枪杀。

【犯罪心理分析】

"九月惨案"，群众在暴怒之中，一口气杀死了上千人，这些人在群体情绪的怂恿下，感觉自己是在完成一个光荣的任务，是在为大家、为国家做一件好事。他们冲进监狱杀人放火，他们觉得自己所做的事情是正义的，而不是在犯罪。他们满脸的正义感，没有任何愧疚地大肆屠杀。不管当时他们的行为是多么的残忍，但是他们在执行过程中，感觉不到自己的残忍。在屠杀的过程中他们欢呼，他们舞蹈，在欢呼喧嚣中进行着血腥的屠杀。他们杀人的时候，满脸的正义感与荣耀感，享受着杀人和折磨人的乐趣。杀人之后，这些人没有感觉自己是在犯罪，反而要求政府为自己授予勋章，因为自己替政府消灭了那些社会的残渣余孽，是为社会做出了杰出贡献的。

犯罪群体的一般特征与我们在所有群体中看到的特征几乎都是一致的：易受怂恿、轻信、易变，把良好或恶劣的感情进行夸大，都披着某种道德的衣裳，等等。参与"九月惨案"的群体中间，这些特征一应俱全。

当时在这群人中，没有一个人能确切地知道是谁下了杀掉犯人的命令，这些并不重要，但是，明确的一点是他们当时都受到了极大的怂恿和蛊惑，他们在这样的蛊惑之下开始了屠杀行动。他们深信自己肩负着重要使命，他们的这种行动有着强烈的率直和幼稚的正义感。他们认为自己是一名正义的爱国者，于是由自己判断对方是否该死，通过这样的方法，他们幼稚的良知得到了满足，于是他们认为他们是在进行着合法的屠杀，残忍的本能也可以尽情地释放。